초등 과학 교과 연계

3학년 1학기 3. 동물의 한살이 **2학기** 2. 동물의 생활
5학년 1학기 5. 다양한 생물과 우리 생활 **2학기** 2. 생물과 환경

_____ 학년 _____ 반

이름 _____

김혜영 글
성균관대학교에서 아동학을 전공하고, 출판사에서 오랫동안 어린이 과학 책을 만들었습니다. 이야기를 읽는 것, 쓰는 것 모두 좋아합니다. 지은 책으로 《개미 세계 탐험북》, 《장수풍뎅이 탐험북》, 《나비 탐험북》, 《읽자마자 속담 왕》, 《세계 국기 사전》, 《느림보 코뿔소가 최고야》 등이 있습니다.

맹하나 그림
아티스트 커뮤니티 아크(AC)에서 그림을 공부했습니다. 과일과 햇빛과 낮잠을 좋아합니다. 《못난이 채소 크롬꼬머》에 그림을 그렸습니다.

정보 제공 및 내용 감수에 참여한 국립생태원 임직원
김만년, 김영중, 박종대, 유인성, 윤창만, 조영호, 차덕재

미래 생태학자를 위한
하늘소 탐험북

발행일 2022년 8월 26일 초판 1쇄 발행

엮음 국립생태원
그림 맹하나
발행인 조도순
책임편집 유연봉 | **편집** 최유준 | **본문구성진행** 김혜영 | **디자인** 나비
사진 강화자연사박물관, 국가생물종지식정보시스템, 국립생물자원관, Gettyimagebank, Pixabay, Shutterstock, Wikimedia Commons
발행처 국립생태원 출판부 | **신고번호** 제 458-2015-000002호(2015년 7월 17일)
주소 충남 서천군 마서면 금강로 1210 | www.nie.re.kr
문의 041-950-5999 | press@nie.re.kr

ⓒ 국립생태원 National Institute of Ecology, 2022
ISBN 979-11-6698-156-2 73400

※ 이 책에 실린 모든 글과 그림을 저작권자의 허락 없이 무단으로 사용하거나
  복사하여 배포하는 것은 저작권을 침해하는 것입니다.

▲ **주의** 다칠 우려가 있습니다. 본 교재를 던지거나 떨어뜨리지 않도록 주의하십시오.
  고온 다습한 장소나 직사광선이 닿는 장소에는 보관을 피해 주십시오.

미래 생태학자를 위한

하늘소 탐험북

국립생태원 엮음

국립생태원
NIE PRESS

머리말
신비한 하늘소의 세계를 탐험해요

 하도 희귀해서 1968년 곤충 중에서는 처음으로 천연기념물 제218호로 지정되었고, 멸종할 위험이 있어 멸종위기 야생생물 I급으로 지정된 하늘소는 무엇일까요? 바로 '장수하늘소'예요. 하늘소 하면 누구나 장수하늘소를 가장 먼저 떠올려요. 가장 한국적인 곤충인 장수하늘소는 장수처럼 늠름하고 커다란 몸집을 자랑해요. 한때 사라졌다고 알려졌지만 지금은 복원되어 경기도 광릉숲에 가면 볼 수 있지요.

 전 세계에는 약 38,000종의 하늘소가 있고, 그중에서 우리나라에 사는 하늘소는 360여 종이에요. 우리나라의 하늘소는 톱하늘소아과, 검정하늘소아과, 꽃하늘소아과, 하늘소아과, 목하늘소아과, 깔따구하늘소아과, 벌하늘소아과의 일곱 가지로 나뉘어요. 땅벌과 비슷한 겉모습으로 적을 속이는 벌호랑하늘소, 우툴두툴한 앞가슴등판이 두꺼비를 닮은 털두꺼비하늘소 등 무척 다양하답니다.

    우리는 잘 모르는 것에는 관심도 생기지 않고 사랑할 수도 없어요. 하늘소를 포함해 우리와 함께 지구에서 살아가는 모든 생물들에 대해서도 마찬가지예요. 더 잘 알면 알수록 점점 더 사랑스럽게 느껴지지요.

    이 책은 하늘소의 신비로운 생태를 공부하고 관찰하며 채집할 수 있도록 안내해 주어요. 이 책을 읽고 나서 하늘소와 더욱 친해지고, 이 작고 멋진 친구를 소중히 여기게 된다면 좋겠어요. 동물과 식물이 살지 못하는 환경에서는 사람도 살지 못해요. 자연과 사람이 더불어 살아갈 때 지속 가능한 미래를 만들어 나갈 수 있다는 것을 꼭 기억하세요.

    자, 그럼 지금부터 '내가 바로 하늘소 박사!'라고 생각하며 신비한 하늘소의 세계를 함께 탐험해 볼까요?

국립생태원장 조도순

차례

하늘소 탐구하기

하늘을 나는 작은 소, 하늘소 10
하늘소도 딱정벌레라고요? 12
더듬이가 긴 하늘소 14
나는 멋쟁이 장수하늘소 16
멸종위기에 처한 장수하늘소 18
신비한 곤충, 장수하늘소 20

 멸종위기 야생생물이 뭐예요? 22

하늘소의 한살이

짝짓기를 하고 알을 낳아요 26
털두꺼비하늘소의 한살이 28
계절에 따라 하늘소를 만나요 30
하늘소와 천적 32

 하늘소는 해충이에요 VS 해충이 아니에요 34

우리나라의 하늘소

장수하늘소가 속해 있는 **톱하늘소아과** 38
더듬이가 짧은 **검정하늘소아과** 40
다양한 꽃에 날아드는 **꽃하늘소아과** 42
목하늘소아과 다음으로 종수가 많은 **하늘소아과** 46
하늘소 중에서 종수가 가장 많은 **목하늘소아과** 52
우리나라에는 단 1종만 있는 **깔따구하늘소아과** 58
나나니벌과 비슷하게 생긴 **벌하늘소아과** 58

 세계의 하늘소를 만나요 60

스스로 연구하기

하늘소를 채집하고 길러요 64
놀이하며 하늘소를 관찰해요 66
하늘소 표본을 만들어요 68
하늘소 탐구 퀴즈를 풀어요 70

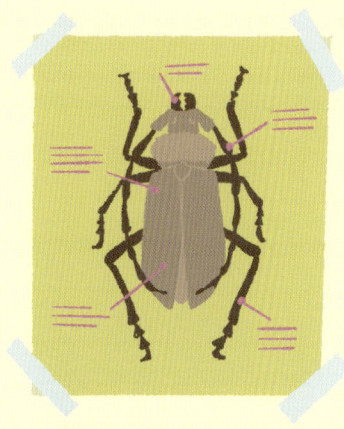

하늘소 탐구하기

하늘소는 장수풍뎅이, 사슴벌레와 더불어 딱정벌레를 대표하는 곤충이에요.
하늘소라고 하면 가장 먼저 무엇이 떠오르나요? 바로 유명한 '장수하늘소'이지요.
장수하늘소 덕분에 하늘소는 우리에게 무척 친숙해요.
꽃과 풀 그리고 나무에서 쉽게 찾을 수 있는 하늘소가
어떤 곤충인지 한번 자세히 알아볼까요?

하늘을 나는 작은 소, 하늘소

하늘소는 몸 색깔이 화려하고 생김새가 멋있어서 인기 많은 곤충이에요. 더듬이가 아주 긴 것이 특징이지요. 전 세계적으로 약 38,000종이 있는 것으로 알려졌어요. 우리나라에는 남북을 합쳐서 약 360종이 있지요. 몸길이가 1밀리미터를 겨우 넘는 것부터 120밀리미터가 넘는 것까지 크기가 다양해요.

하늘소는 왜 하늘소일까요?

하늘소라는 이름은 어떻게 생겨났을까요? 하늘소의 얼굴 생김새가 소의 얼굴과 닮아서, '하늘을 날아다니는 소'라는 뜻으로 하늘소라고 불렀다고 해요.

사는 곳과 먹이가 달라요

하늘소는 종류에 따라 각자 자기에게 맞는 풀잎, 꽃, 나무 등에서 살아가요. 풀잎과 줄기, 나무껍질을 갉아먹기도 하고 꽃가루를 먹기도 해요. 나무 수액도 좋아하는 먹이예요.

하늘소는 먹이를 찾아 먼 거리를 날아서 옮겨 다녀요.

무늬소주홍하늘소
육점박이범하늘소
긴알락꽃하늘소
남색초원하늘소

국화하늘소

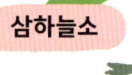

삼하늘소

어둑어둑해지면 낮에 활동하던 하늘소들은 하나둘 집으로 돌아가요. 대신 밤에 활동하는 하늘소들이 나무 수액을 먹으려고 슬금슬금 모여들지요.

활동!

어두워진 뒤 참나무 수액에 어떤 곤충들이 모여드는지 관찰해 보세요.

하늘소도 딱정벌레라고요?

하늘소는 장수풍뎅이, 사슴벌레와 함께 덩치도 크고 힘도 세기로 이름난 대표적인 곤충이에요. 이 셋은 모두 딱정벌레에 속해요. 딱정벌레는 몸이 딱딱한 껍데기로 둘러싸여 있고, 앞날개 역시 딱딱한 딱지날개로 되어 있는 것이 특징이지요.

딱정벌레인 알락하늘소는 검은색 바탕에 흰 점이 있어서 눈에 잘 띄어요.

알락하늘소

딱정벌레는 무척 다양해요

딱정벌레는 전 세계 동물과 식물을 통틀어서 종류가 가장 많아요. 생태계 전체 생물의 4분의 1이 딱정벌레일 정도예요. 종류마다 모양, 크기, 색깔이 다르지요. 아래의 곤충들은 모두 딱정벌레랍니다. 정말 다양하지요?

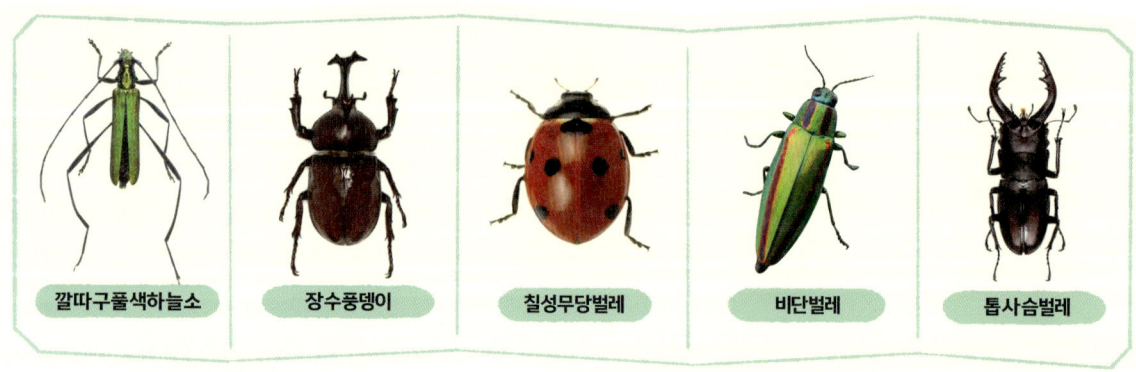

깔따구풀색하늘소 | 장수풍뎅이 | 칠성무당벌레 | 비단벌레 | 톱사슴벌레

하늘소는 이렇게 분류해요

하늘소는 '동물계▶절지동물문▶곤충강▶딱정벌레목▶하늘소과'에 속해요. 장수풍뎅이나 사슴벌레 등과 '딱정벌레목'까지는 같지만, '과'부터는 각각 '하늘소과', '장수풍뎅이과', '사슴벌레과' 등으로 나뉘어요.

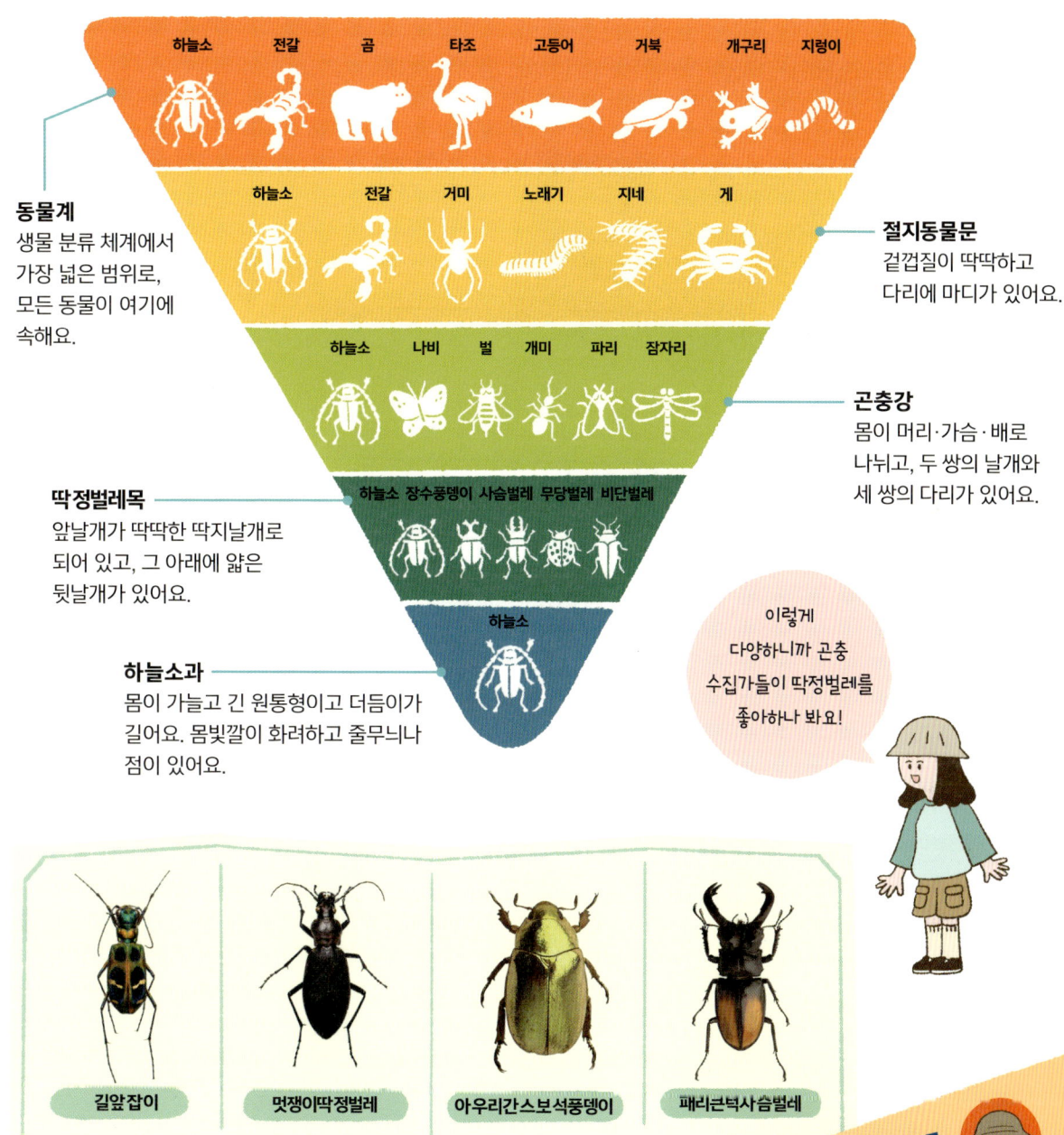

동물계
생물 분류 체계에서 가장 넓은 범위로, 모든 동물이 여기에 속해요.

절지동물문
겉껍질이 딱딱하고 다리에 마디가 있어요.

곤충강
몸이 머리·가슴·배로 나뉘고, 두 쌍의 날개와 세 쌍의 다리가 있어요.

딱정벌레목
앞날개가 딱딱한 딱지날개로 되어 있고, 그 아래에 얇은 뒷날개가 있어요.

하늘소과
몸이 가늘고 긴 원통형이고 더듬이가 길어요. 몸빛깔이 화려하고 줄무늬나 점이 있어요.

이렇게 다양하니까 곤충 수집가들이 딱정벌레를 좋아하나 봐요!

길앞잡이 · 멋쟁이딱정벌레 · 아우리간스보석풍뎅이 · 패리큰턱사슴벌레

활동! 곤충에는 어떤 종류들이 있는지 찾아보세요.

더듬이가 긴 하늘소

하늘소 하면 가장 먼저 무엇이 떠오르나요? 뭐니 뭐니 해도 기다란 더듬이가 가장 먼저 떠오를 거예요. 이 더듬이 덕분에 다른 딱정벌레 종류와 구별하기 쉽지요. 더듬이는 미세한 털로 뒤덮여 있는데, 남색초원하늘소처럼 털이 한데 모여 뭉쳐 있는 것도 있어요. 더듬이의 길이와 각 마디 모양은 종마다 달라요.

남색초원하늘소

더듬이에 털뭉치가 달려 있네요?

더듬이의 길이는 몸길이의 다섯 배에 이르는 것부터 몸길이의 절반쯤 되는 것까지 다양해요.

암컷에게는 산란관이 있는데, 평소에는 배 속에 들어 있어서 밖에선 안 보여요.

톱하늘소

톱하늘소가 알을 낳으려고 산란관을 길게 뻗고 있어요.

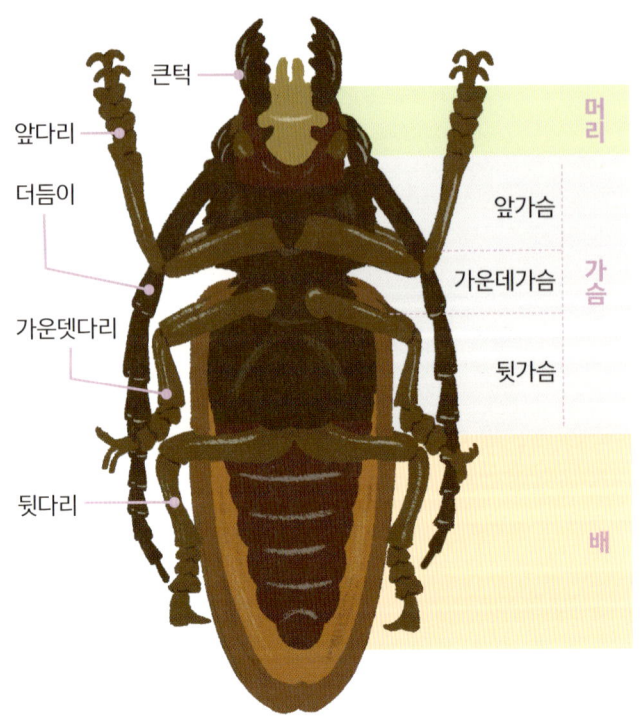

장수하늘소(배면)

큰턱, 앞다리, 더듬이, 가운뎃다리, 뒷다리

머리 / 앞가슴 / 가운데가슴 / 뒷가슴 / 가슴 / 배

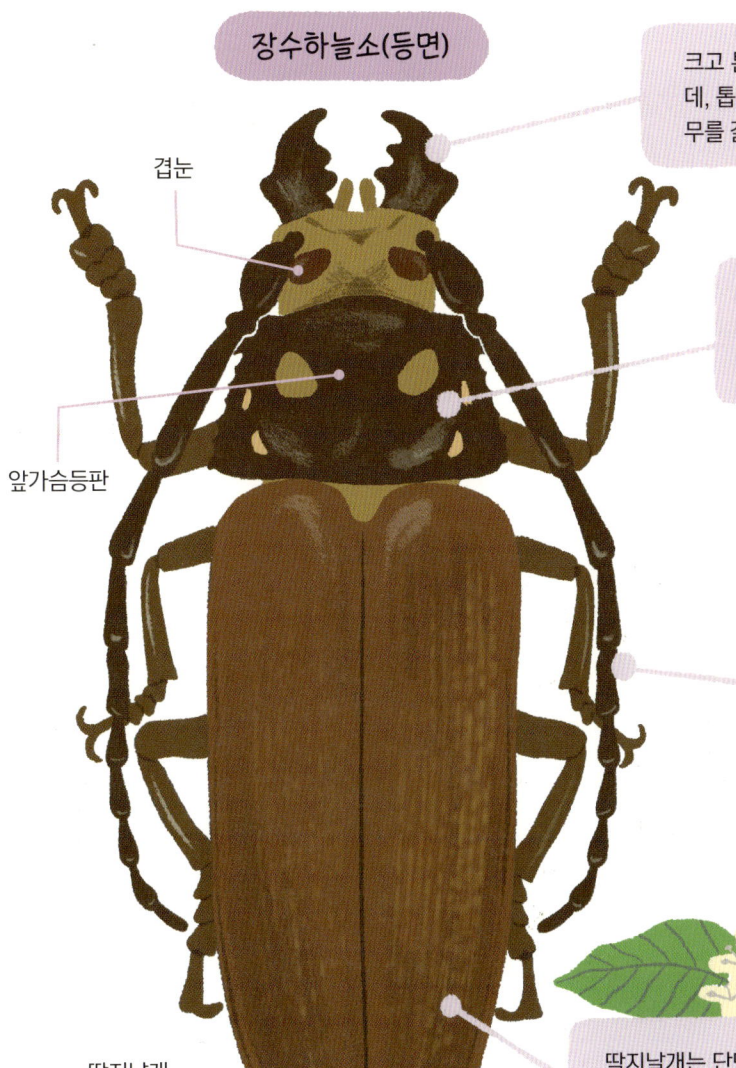

장수하늘소(등면)

- 겹눈
- 앞가슴등판
- 딱지날개

크고 튼튼한 큰턱은 가위처럼 생겼는데, 톱니 모양의 돌기가 나 있어요. 나무를 갉아 구멍을 파는 데 사용해요.

앞가슴의 안쪽과 가운데가슴의 등쪽에 줄 모양의 발음기가 있는데, 이것을 비벼서 '끽끽' 하고 소리를 내요.

더듬이는 11마디로 나누어져 있어요. 보통 수컷의 더듬이가 암컷보다 길어요. 냄새를 맡는 중요한 역할을 해요.

딱지날개는 단단한데, 종에 따라서 길이와 색깔, 무늬, 단단한 정도가 달라요.

육점박이범하늘소

하늘소는 딱지날개인 앞날개를 들어 올리고, 얇은 뒷날개를 펼쳐서 하늘을 날아요.

황하늘소

황하늘소가 하늘로 날아오르려고 날개를 펼치고 있어요.

우리나라에서 가장 큰 하늘소는 몸길이 약 120mm인 장수하늘소이고, 가장 작은 하늘소는 몸길이 약 3mm인 좁쌀하늘소예요.

활동!

하늘소를 관찰할 때 더듬이의 마디가 모두 몇 개인지 세어 보세요.

나는 멋쟁이 장수하늘소

하늘소라고 하면 대부분 장수하늘소를 떠올려요. 그만큼 장수하늘소는 하늘소 중에서 가장 유명해요. 몸길이 120밀리미터에 달하는 커다란 크기와 길고 굵은 더듬이는 장수하늘소의 가장 큰 특징이지요. 하늘소를 대표하는 멋쟁이 장수하늘소에 대해 알아볼까요?

1968년 곤충 중에서 가장 먼저 천연기념물로 지정되었어요.

생김새가 마치 장수처럼 크고 멋져서 '장수하늘소'라는 이름이 붙었다고 해요.

장수하늘소는 어떤 곤충일까요?

장수하늘소는 우리나라에서 가장 큰 곤충으로 온몸이 흑갈색이에요. 딱지날개는 황갈색 털로 덮여 있고, 앞가슴등판에는 노란색 털뭉치가 있어요. 우리나라와 중국, 러시아에 아주 제한적으로 분포하고, 우리나라에서는 경기도 광릉숲에서만 볼 수 있는 귀한 곤충이랍니다. 예전에는 거의 멸종되어서 이름만 남아 있고 실제로는 볼 수 없는 전설적인 곤충이었지만, 최근 들어 다시 복원되고 있어요.

- 천연기념물 제218호
- 멸종위기 야생생물 I급
- 자연유산
- 지구과학 기념물

장수하늘소　　**알락수염붉은산꽃하늘소**

생김새가 단순한 편이에요

장수하늘소는 다른 하늘소들에 비해 생김새가 비교적 단순하고 투박해요. 그런 것으로 보아, 아마도 하늘소들 중에서 가장 오래전에 지구상에 나타났을 것으로 보여요.

딱정벌레 중에서도 큰 편이에요

장수하늘소 암컷은 70~80밀리미터, 수컷은 110~120밀리미터 정도로 무척 커요. 동북아시아에 사는 딱정벌레 종류 중에서 가장 크고, 전 세계의 38,000종이 넘는 하늘소 중에서도 장수하늘소보다 큰 것은 겨우 2~3종뿐이랍니다.

가장 한국적인 곤충이에요

장수하늘소는 원래 한반도에서 오래 전부터 살던 곤충이에요. 동쪽과 북쪽으로는 중국 일부와 러시아 일부 지역에 살아요. 이 지역은 역사적으로 우리나라의 영토였어요. 즉, 장수하늘소는 중국과 러시아 지역에서도 옛 고구려나 발해 땅에만 분포하는 독특한 곤충이지요. 그야말로 가장 한국적인 곤충이라고 할 수 있어요. 신기하게도 러시아와 중국 중앙 쪽에서는 찾을 수 없고, 일본에는 전혀 살지 않아요. 그래서 예전에 일본 사람들이 큰돈을 주고 장수하늘소를 마구 사들이기도 했다고 해요.

멸종위기에 처한 장수하늘소

장수하늘소는 하늘소 중에서 가장 유명해요. 하지만 실제로 주위에서 본 적이 있느냐고 물어보면 돌아오는 대답은 "아니요."가 대부분이지요. 그 이유는 장수하늘소가 오래전부터 멸종할 위기에 처해 있었기 때문이에요.

> 멸종위기 야생생물 I급은 개체 수가 급격히 줄어들어 멸종할 위기에 처한 야생생물이에요.

멸종위기 야생생물 I급으로 지정되었어요

장수하늘소가 우리나라에서 처음 발견된 것은 1934년이에요. 예전에는 여러 곳에서 살았는데, 간혹 흔적만 발견될 정도로 개체 수가 급격히 줄어들었어요. 그래서 멸종위기 야생생물 I급으로 지정되었답니다.

장수하늘소가 멸종위기에 처한 이유

> 어른벌레가 된 뒤에 좀 더 오래 살면 좋을 텐데……

❶ 다른 하늘소들은 애벌레로 보내는 기간이 1~2년으로 짧은데, 장수하늘소는 5~7년으로 길어요. 이와 반대로 어른벌레가 된 뒤에는 1~2개월밖에 살지 못하지요. 그래서 환경 변화에 적응하거나 여러 가지 위협에 대처하기 힘들어요.

❷ 장수하늘소 애벌레가 5~7년간 나무를 갉아 먹으며 살기 위해서는 죽어 가는 참나무류의 커다란 나무가 필요해요. 하지만 우리나라에는 이런 나무들이 많은 오래된 숲이 드물어요.

❸ 기후 변화의 영향으로 장수하늘소가 살 수 있는 숲이 점점 줄어들고 있어요.

❹ 다른 곤충들에 비해 몸집이 크고, 어른벌레의 생김새가 멋있어서 예전부터 사람들에게 많은 사랑을 받았어요. 그러다 보니 사람들이 마구 잡아서 개체 수가 급격히 줄어들었어요.

장수하늘소와 더불어 살아가요

우리나라에서는 장수하늘소의 개체 수를 늘리기 위해 노력해 왔어요. 2012년에는 세계에서 처음으로 장수하늘소를 기르는 데 성공했지요. 2014년에는 경기도 광릉숲에서 장수하늘소가 자연 상태로 발견되었어요. 국립수목원과 여러 관련 기관에서는 장수하늘소를 복원하기 위해 노력하고 있답니다.

옆의 사진은 울도하늘소예요. 원래는 멸종위기종이었는데, 사육 기술이 개발되어 널리 보급되면서 더 이상 멸종위기종이 아니게 되었어요. 장수하늘소도 복원에 성공한다면 울도하늘소처럼 주위에서 쉽게 볼 수 있게 될 거예요.

울도하늘소

울도하늘소야, 다시 만나게 되어 반가워!

장수하늘소를 잘 지키려면?

* 장수하늘소가 주로 살아가는 커다란 나무가 많은 숲을 잘 보전해야 해요.
* 사람들이 마구 잡는 것을 막기 위해 장수하늘소가 사는 지역과 그 주변 지역을 보호구역으로 지정해야 해요.
* 장수하늘소의 개체 수를 안정적으로 늘리고, 대량으로 기를 수 있도록 연구가 필요해요.

신비한 곤충, 장수하늘소

장수하늘소는 정말 신비로운 곤충이에요. 동북아시아에 사는 딱정벌레류 중에서는 가장 크다는 점, 이름은 많이 들었지만 실제로는 주위에서 본 적이 없다는 점, 멸종되어 사라진 줄 알았는데 다시 나타났다는 점······. 그런데 더 신비한 점은 따로 있답니다.

대륙 이동설의 증거

장수하늘소는 현재 우리나라와 중국, 러시아 일부 지역에서만 발견되는 희귀한 하늘소예요. 장수하늘소속 중 유일하게 아시아 대륙에 있고, 나머지는 모두 태평양을 사이에 두고 멀리 떨어진 중앙아메리카와 남아메리카 대륙에 있어서 대륙 이동설의 증거로 꼽히지요. 이것을 보면 아주 오래전에 아시아 대륙과 아메리카 대륙이 붙어 있었다는 것을 알 수 있어요. 장수하늘소의 생김새가 다른 하늘소들에 비해 단순한 것도 대륙 이동설의 근거가 돼요. 아마도 장수하늘소는 하늘소들 중 가장 오래전에 지구상에 나타나, 같은 대륙에서 살았을 것으로 추측돼요.

대륙 이동설이란 원래 한 덩어리였던 큰 대륙이 분리되고 이동하여, 현재와 같이 흩어지게 되었다는 학설이에요.

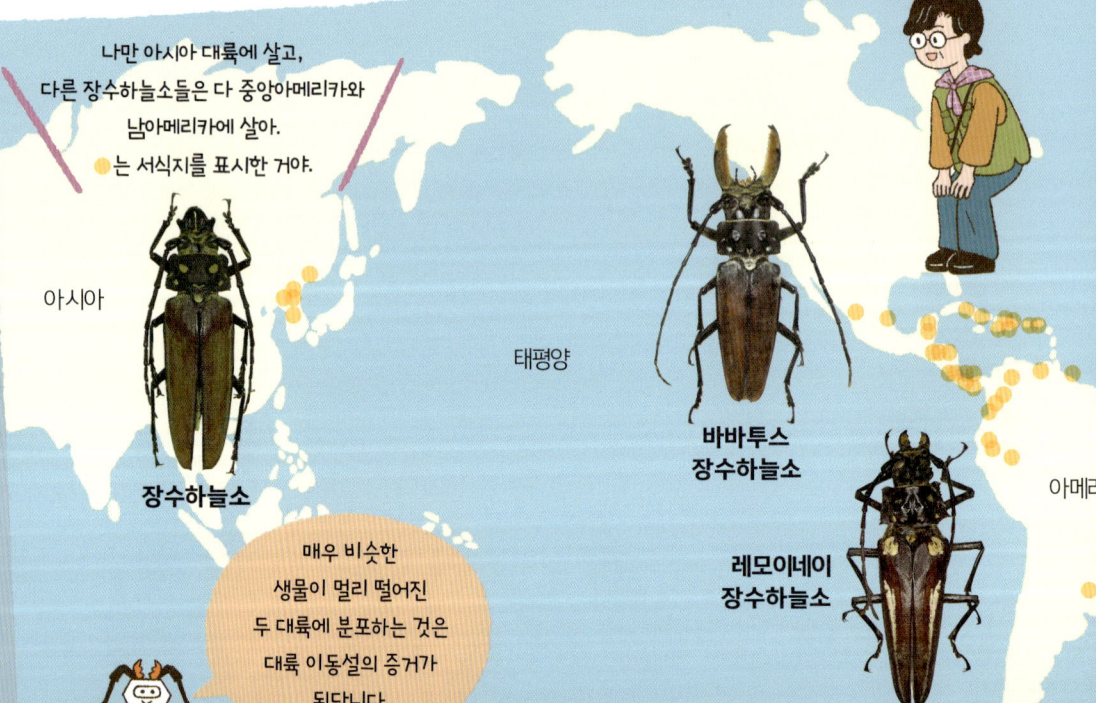

나만 아시아 대륙에 살고, 다른 장수하늘소들은 다 중앙아메리카와 남아메리카에 살아. ●는 서식지를 표시한 거야.

아시아 — 장수하늘소

태평양

바바투스 장수하늘소

레모이네이 장수하늘소

아메리

매우 비슷한 생물이 멀리 떨어진 두 대륙에 분포하는 것은 대륙 이동설의 증거가 된답니다.

우리는 커다란 하늘소 3총사!

주위에서 장수하늘소를 보기 어렵다 보니, 크기가 웬만큼 큰 하늘소를 보면 장수하늘소로 착각하는 사람이 많아요. 장수하늘소만큼은 아니어도 몸길이가 5센티미터를 넘어가는 커다란 하늘소로 버들하늘소와 하늘소가 있지요. 이 두 하늘소는 생김새나 색깔이 장수하늘소와 비슷해서 더욱 헷갈려요.

장수하늘소

버들하늘소

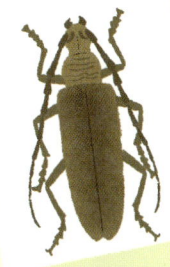

하늘소

- 몸길이는 65~120mm예요. 우리나라에서는 경기도 광릉숲에서만 발견돼요.
- 우리나라에 있는 딱정벌레 종류 중에서 가장 커요.
- 앞가슴등판 가장자리에 뾰족한 돌기가 있어요.

- 몸길이는 30~55mm예요. 전국에서 볼 수 있어요.
- 더듬이에 오돌토돌한 작은 돌기가 많이 나 있어요.
- 딱지날개에 세로로 솟은 줄이 있어요.

- 몸길이는 34~58mm예요. 전국에서 볼 수 있어요.
- 머리가 홀쭉해요.
- 앞가슴등판 가장자리에 돌기가 없어요.
- 몸 전체가 황갈색을 띠어요.

멸종위기 야생생물이 뭐예요?

멸종위기 야생생물은 이미 멸종위기에 처했거나 가까운 장래에 멸종위기에 처할 우려가 있는 야생생물을 말해요. 환경부에서 지정하는데 현재 총 267종이 지정되어 있어요. 멸종위기 야생생물은 Ⅰ급과 Ⅱ급으로 나뉘어요.

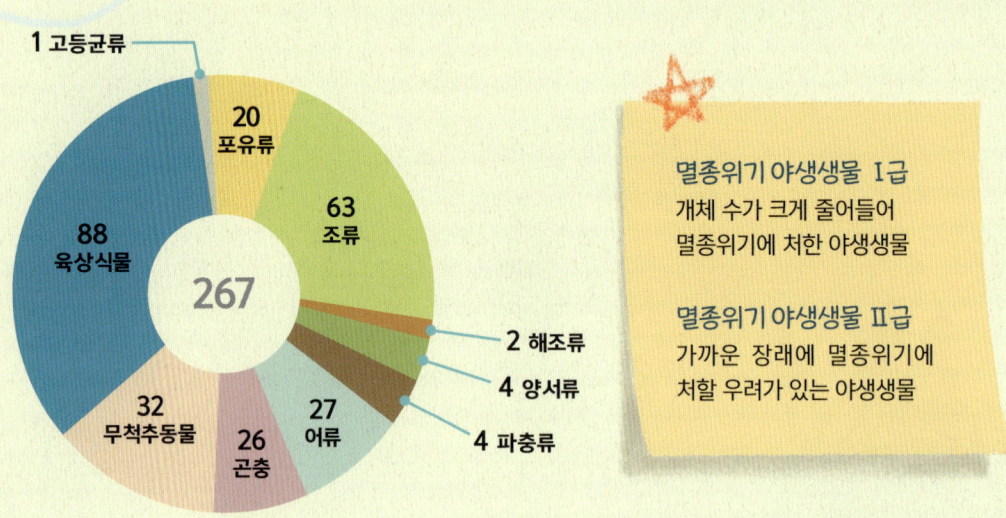

멸종위기 야생생물 Ⅰ급
개체 수가 크게 줄어들어 멸종위기에 처한 야생생물

멸종위기 야생생물 Ⅱ급
가까운 장래에 멸종위기에 처할 우려가 있는 야생생물

Ⅰ급(60종): 노랑부리백로, 털복주머니란, 수원청개구리, 수달
Ⅱ급(207종): 하늘다람쥐, 벌매, 구렁이, 대모잠자리

멸종위기 야생생물 I급에 해당하는 곤충은 6종이에요

곤충 중에 멸종위기 야생생물로 지정된 것은 총 26종이에요. 그중에서 개체 수가 크게 줄어 멸종위기 야생생물 I급으로 지정된 곤충은 장수하늘소, 비단벌레, 붉은점모시나비, 산굴뚝나비, 상제나비, 수염풍뎅이 6종이지요.

장수하늘소 곤충 중에서 가장 먼저 천연기념물로 지정되었고, 현재 우리나라에서는 경기도 광릉숲에서만 서식해요. (천연기념물)

붉은점모시나비 한반도 전역에서 볼 수 있는데, 현재 서식지가 급격히 줄어들고 있어요.

비단벌레 삼림 지대에서 사는데, 현재 서식지가 감소하여 멸종위기에 처했어요. (천연기념물)

산굴뚝나비 한라산 고지대에서만 발견되는데, 서식지 변화로 개체 수가 줄고 있어요. (천연기념물)

상제나비 한반도 중부와 북부에 살아요. 최근 관찰 기록이 없어서 멸종했을 가능성이 높아요.

수염풍뎅이 하천 개발로 애벌레의 서식지가 감소하여 개체 수가 줄어들었어요.

하늘소의 한살이

하늘소는 알에서부터 애벌레, 번데기, 어른벌레의 과정을 모두 거치는 완전탈바꿈을 해요.
어른벌레가 된 하늘소는 먹이를 찾고, 짝을 짓고, 알을 낳기 위해 열심히 날아다녀요.
하늘소의 한살이를 살펴보고, 하늘소를 위협하는 천적도 함께 알아보아요.

짝짓기를 하고 알을 낳아요

하늘소는 '알 → 애벌레 → 번데기 → 어른벌레'의 단계를 모두 거쳐요. 4단계를 모두 거친다고 해서 '완전탈바꿈'이라고 해요. 완전탈바꿈을 하는 곤충의 애벌레는 어른벌레와 생김새가 전혀 달라요. 장수풍뎅이, 사슴벌레, 벌, 나비 등이 완전탈바꿈을 하지요.

> 중간에 '번데기' 단계가 빠진 것을 '불완전탈바꿈'이라고 해요.

수컷과 암컷이 만나요

하늘소 수컷은 암컷을 만나면 짝짓기를 하기 위해 더듬이를 떨면서 다가가요. 암컷은 수컷이 마음에 들지 않으면 다리로 밀쳐 내거나 도망가 버려요. 하지만 수컷이 마음에 들면 짝짓기를 받아들이지요.

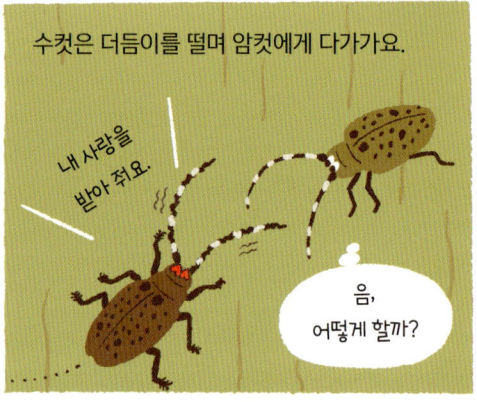

짝짓기를 해요

하늘소 암컷이 수컷의 짝짓기 신청을 받아들이면, 수컷은 암컷의 등에 올라타 짝짓기를 해요.

> 하늘소의 종류는 달라도 짝짓기 방식은 똑같네요.

별가슴호랑하늘소

남색초원하늘소

소범하늘소

하늘소 암컷처럼 속여서 짝짓기를 한다고요?

남아프리카에는 특이하게도 벌이나 나비가 아니라, 하늘소를 이용해 가루받이를 하는 난 꽃이 있어요. 이 난은 생김새가 암컷 하늘소를 닮은 데다, 암컷을 흉내 내는 페로몬까지 내뿜어서 수컷 하늘소를 속인답니다.

> 암컷 하늘소가 아니네?

> 깜빡 속았지?

알을 낳아요

짝짓기를 마친 암컷은 각자 알맞은 나무나 풀을 선택해 알을 낳아요. 암컷은 작지만 단단한 큰턱으로 나무나 풀줄기의 껍질을 갉아 내고, 그 안에 알을 낳아요.

버들하늘소

> 파란색 화살표가 가리키는 부분이 암컷의 산란관이에요.

활동!

하늘소가 종류별로 어디에 알을 낳는지 찾아보세요.

털두꺼비하늘소의 한살이

두꺼비를 닮은 털두꺼비하늘소는 개체 수가 많아서 관찰하기에 좋아요. 털두꺼비하늘소를 통해 '알 → 애벌레 → 번데기 → 어른벌레'의 단계를 모두 거쳐 '완전탈바꿈'을 하는 하늘소의 한살이를 함께 살펴볼까요?

❶ 털두꺼비하늘소 수컷이 암컷 등에 올라타 짝짓기를 해요.

애벌레로 보내는 기간은 종마다 달라요. 짧게는 6개월, 길게는 5~7년이 걸리기도 해요.

짝짓기

알 낳기

알

④ 번데기 허물을 벗고 날개돋이를 마친 털두꺼비하늘소가 나무에 구멍을 뚫고 밖으로 나와 세상과 만나요.

번데기로 보내는 기간은 종마다 달라요.

③ 애벌레는 자기가 만든 번데기방 안에서 번데기가 된 뒤, 약 8~10일간 번데기로 지내요. 번데기 시기에는 먹지도 않고, 거의 움직이지도 않은 채 어른벌레가 될 준비를 해요.

② 알에서 나온 애벌레는 튼튼한 턱으로 나무속을 갉아 먹으며 자라요. 몸을 오므렸다 폈다 하면서 자기가 만든 터널 속을 기어 다니지요.

계절에 따라 하늘소를 만나요

5~7월 우리꽃하늘소

5~6월 긴촉각범하늘소

5~7월 작은소범하늘소

5~7월 별가슴호랑하늘소

5~7월 작은별긴하늘소

4~5월 국화하늘소

5~7월 홍가슴각시하늘소

5~8월 열두점긴하늘소

4~7월 애청삼나무하늘소

5~7월 알통다리꽃하늘소

5~8월 깨엿하늘소

봄   **여름**

하늘소는 해마다 일정한 시기에 나타나요. 봄부터 가을까지 계절에 따라 나무, 꽃, 풀에서 다양한 하늘소를 관찰할 수 있답니다.

5~8월
작은하늘소

하늘소를 발견했을 때 사진을 찍어 두면, 나중에 관찰하기 좋아요.

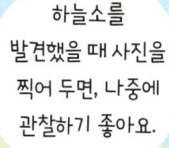

6~7월
작은호랑하늘소

6~8월
작은우단하늘소

6~7월
검은콩알하늘소

6~8월
밤색하늘소

5~9월
톱하늘소

6~8월
달구벌하늘소

6~8월
큰남색하늘소

6~9월
큰우단하늘소

6~8월
곰보하늘소

6~8월
제주호랑하늘소

3~10월
털두꺼비하늘소

여름 　　　　　가을

하늘소와 천적

하늘소는 알부터 애벌레 시기까지 나무속에서 보내니까 위험하지 않을 것 같다고요? 그렇지 않아요. 하늘소 애벌레에 기생하는 기생벌 애벌레도 있고, 강한 부리로 나무를 쪼아 구멍을 내서 하늘소 애벌레와 어른벌레를 잡아먹는 딱따구리도 있거든요. 거미와 개구리도 하늘소의 천적이에요.

하늘소의 서식지를 파괴하는 사람도 하늘소의 천적이랍니다.

딱따구리

개구리

거미

소나무를 해치는 솔수염하늘소의 천적은 기생벌

솔수염하늘소는 소나무재선충을 옮겨 소나무를 말라 죽게 만드는 해충이에요. 크기 1밀리미터 정도의 실 같은 소나무재선충은 솔수염하늘소의 몸에 기생하다가 소나무에 들어가 말라 죽게 만들지요. 그런데 다행히도 솔수염하늘소의 애벌레를 공격하는 천적이 나타났어요. 바로 기생벌이에요. 기생벌 애벌레는 솔수염하늘소의 애벌레에 기생하면서 체액을 빨아 먹는답니다.

멸종위기에 처한 천적도 있어요

하늘소의 천적 중에서도 멸종위기에 처한 것이 있어요. 바로 크낙새랍니다. 천연기념물

장수하늘소가 돌아왔으니 나도 돌아와야겠군.

워워, 오지 마. 나도 이제 겨우 돌아왔다고!

제197호인 크낙새는 전 세계에서 유일하게 한반도에만 사는 새예요. 장수하늘소의 애벌레를 먹고 사는데, 장수하늘소가 사라지자 함께 사라진 것으로 보여요. 이제 장수하늘소가 복원되었으니 크낙새도 언젠가는 돌아오겠지요?

의태와 보호색으로 몸을 지켜요

긴알락꽃하늘소는 말벌을, 벌호랑하늘소는 땅벌을 닮았어요. 이렇게 천적에게서 몸을 지키기 위해, 침이나 독 같은 무기를 지닌 위험한 생물의 모양과 색을 흉내 내어 스스로 보호하고자 하는 것을 '의태'라고 해요. 주위와 비슷한 색을 띠어서 몸을 숨기는 '보호색'도 있어요. 흰깨다시하늘소는 나무껍질과 비슷한 색으로 몸을 숨기고, 초록하늘소는 초록색 잎에 붙어 몸을 숨겨요.

새똥과 닮은 새똥하늘소처럼, 더러운 것을 흉내 내어 천적이 스스로 피하게 만드는 것도 '의태'예요.

의태
긴알락꽃하늘소 / 말벌 / 새똥하늘소

보호색
흰깨다시하늘소야, 어디 있니?
흰깨다시하늘소 / 초록하늘소

하늘소는 해충이에요

하늘소는 해충인가, 아닌가?

오늘은 하늘소가 과연 해충인지 아닌지를 따져 보기 위해 딱정벌레계의 대표들을 모셨습니다. 먼저 간단히 소개 부탁드리겠습니다.

나는 곤충계의 최강자 장수풍뎅이! 내 힘센 뿔을 당할 곤충은 아마 없을걸? 그뿐만이 아니야. 아이들에게도 애완 곤충으로 인기 최고라고!

노노, 곤충계 최강자는 바로 나 사슴벌레지! 가위처럼 크고 강한 내 큰턱에 한번 물리면 그런 소리 못할걸?

너희 중에 나 장수하늘소만큼 귀한 대접을 받는 곤충이 있어? 난 천연기념물에다 멸종위기 야생생물 I급으로도 지정될 만큼 귀하신 몸이야! 아이들도 날 만나고 싶어서 일부러 경기도 광릉숲까지 찾아올 정도라고.

오, 세 곤충들 모두 훌륭한 것은 잘 알겠습니다. 그럼 지금부터 오늘의 주제인 '하늘소는 해충인가, 아닌가?'에 대해 이야기해 볼까요?

해충이 아니에요

당연히 해충이지. 솔수염하늘소를 봐. 소나무를 말라 죽게 만들잖아. 그뿐이야? 나무속을 갉아 먹어서 이 나무, 저 나무 할 것 없이 죽게 만드는 다른 하늘소들은 또 어떻고?

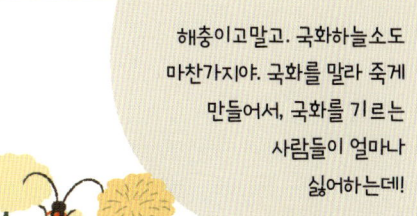

해충이고말고. 국화하늘소도 마찬가지야. 국화를 말라 죽게 만들어서, 국화를 기르는 사람들이 얼마나 싫어하는데!

먼저 오해를 풀 게 있어. 우리 하늘소들이 모두 나무를 갉아 먹는 건 아니야. 꽃의 꿀이나 꽃가루를 먹는 친구들도 있거든. 우리꽃하늘소만 해도 나비나 벌처럼 꽃의 가루받이를 도와준다고. 최근엔 털두꺼비하늘소 애벌레에서 뽑아낸 미생물로 가축이 소화하기 쉬운 사료를 만들기도 해. 그야말로 하늘소가 소를 도와준다고나 할까?

오, 소화가 잘되는걸.

게다가 난 오래전에 붙어 있던 아시아 대륙과 아메리카 대륙이 분리되어 이동했다는 '대륙 이동설'의 증거이기도 해. 그래서 더욱 귀한 대접을 받지. 자, 이래도 우리 하늘소들이 해충이기만 할까?

말을 들어 보니 일리가 있는 것 같군.

인간 입장에서는 하늘소가 해충으로 보일 수 있지만, 생태계를 놓고 보면 해충이라고 딱 잘라 말할 수는 없을 것 같습니다. 여러분의 생각은 어떤가요?

우리나라의 하늘소

전 세계 38,000여 종의 하늘소 중에 우리나라에 사는 하늘소는 360여 종이에요. 우리나라의 하늘소는 톱하늘소아과, 검정하늘소아과, 꽃하늘소아과, 하늘소아과, 목하늘소아과, 깔따구하늘소아과, 벌하늘소아과의 일곱 가지로 나뉘어요. 동남아시아에서 가장 큰 하늘소이자, 멸종위기 야생생물 Ⅰ급으로 지정된 장수하늘소가 가장 대표적이지요. 말벌을 닮은 긴알락꽃하늘소, 두꺼비를 닮은 털두꺼비하늘소 등 종류가 무척 다양해요. 우리나라의 하늘소를 만나러 함께 떠나 볼까요?

장수하늘소가 속해 있는

톱하늘소아과

* 전 세계에 약 1,100종, 우리나라에는 5종이 있어요.
바로 장수하늘소, 톱하늘소, 반날개하늘소, 사슴하늘소, 버들하늘소예요.
* 다른 하늘소과에 비해 생김새가 비교적 단순하고 투박해요.
* 덩치가 큰 편이에요.
* 머리에 비해 턱이 크고 앞으로 뻗어 있어요.

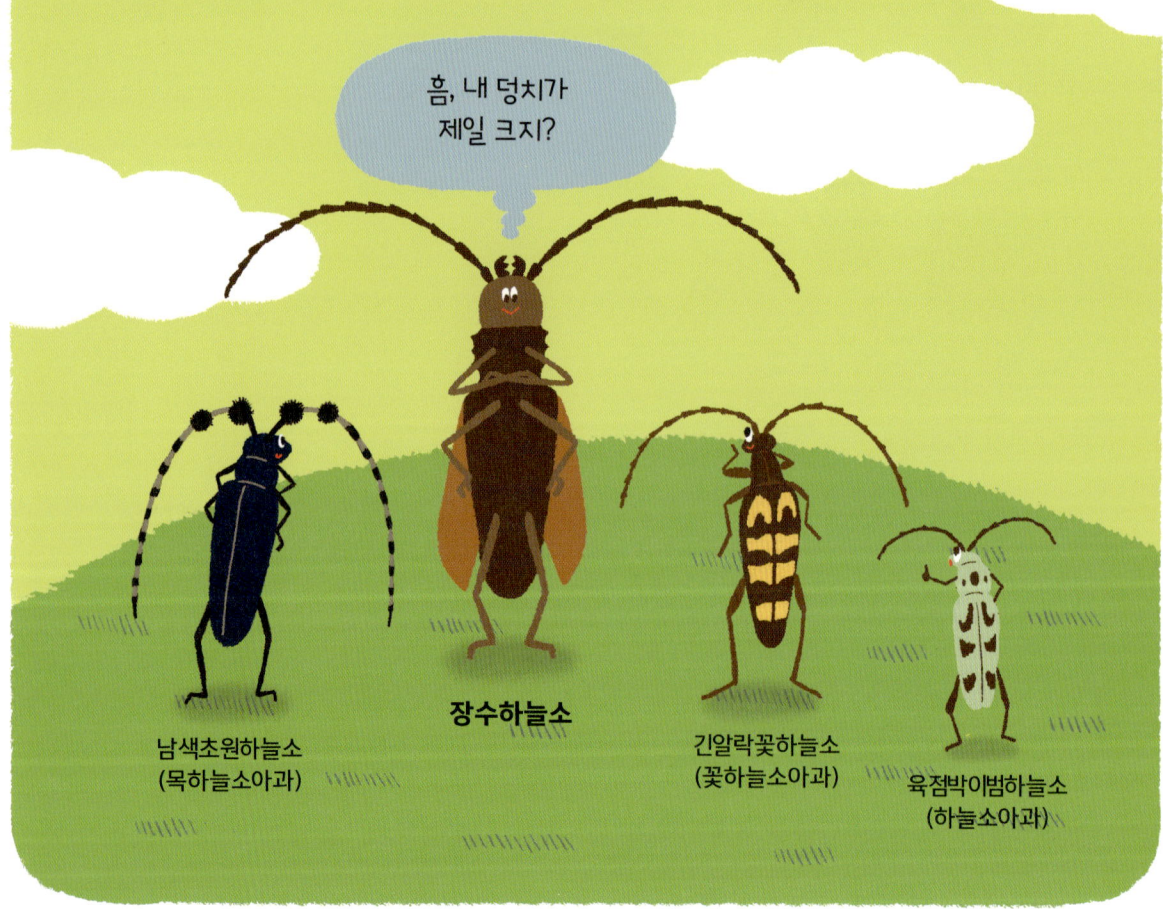

흠, 내 덩치가 제일 크지?

남색초원하늘소
(목하늘소아과)

장수하늘소

긴알락꽃하늘소
(꽃하늘소아과)

육점박이범하늘소
(하늘소아과)

장수하늘소

몸길이 65~120mm
활동 시기 7~8월

우리나라에 사는 딱정벌레 중에서 가장 커요. 몸은 흑갈색이고 머리, 앞가슴등판의 앞쪽 양옆, 가운데가슴등판 쪽에 짧은 금빛 털이 나 있어서 마치 무늬처럼 보여요. 수컷의 큰턱은 굵고 길어요. 어른벌레는 서어나무, 신갈나무, 물푸레나무와 같은 큰 나무의 속을 파먹고 자라요. 멸종위기 야생생물 I급으로 지정되었는데, 우리나라에서는 경기도 광릉숲에서만 발견돼요.

장수처럼 강하고 멋있어서 장수하늘소야!

버들하늘소

몸길이 30~55mm
활동 시기 5~8월

장수하늘소만큼은 아니지만 몸집이 커서 쉽게 발견할 수 있어요. 몸에 짧은 황갈색 털이 나 있고, 광택이 없어요. 딱지날개에 튀어나온 선 두 개가 뚜렷하게 보이는 게 특징이에요. 더듬이는 첫 마디가 아주 굵고 몸길이보다 약간 짧아요. 어른벌레는 밤에 활동하고 불빛을 보면 곧잘 날아오지요. 애벌레는 오리나무, 황철나무, 전나무, 소나무 등 죽은 나무속을 파먹고 살아요.

톱하늘소

몸길이 23~48mm
활동 시기 5~9월

주로 산에 살아요. 몸은 갈색이 도는 흑색으로, 전체적으로 넓적하고 등쪽은 약간 볼록해요. 가슴 양옆에 톱니 모양 돌기가 있어요. 더듬이는 암컷과 수컷 모두 12마디이고, 앞날개의 끝에 닿지 못할 만큼 길이가 짧아요. 야행성이어서 밤에 나뭇진이나 불빛에 모여들어요. 주로 먹는 나무는 일본전나무, 가문비나무, 소나무 등 침엽수예요. 약으로도 쓰인다고 해요.

활동! 반날개하늘소와 사슴하늘소에 대해서도 조사해 보세요.

더듬이가 짧은
검정하늘소아과

- 전 세계에 157종, 우리나라에는 10종이 있어요.
바로 검정하늘소, 넓적하늘소, 큰넓적하늘소, 작은넓적하늘소,
검은넓적하늘소, 꼬마작은넓적하늘소, 단송넓적하늘소,
애단송넓적하늘소, 긴단송넓적하늘소, 무늬넓적하늘소예요.
- 주로 야행성이어서 밤에 불빛이 있는 곳에서 볼 수 있어요.
- 머리가 짧고, 더듬이 두 번째 마디 길이가 폭보다 짧아요.

와, 불빛이다!

검정하늘소

큰넓적하늘소
몸길이 10~27mm
활동 시기 6~8월

개체 수가 많아서 우리나라 전역에서 볼 수 있어요. 말라 죽거나 잘라 놓은 각종 침엽수에서 발견돼요. 몸은 타원형이고 딱지날개가 끝으로 갈수록 가늘어져요. 전체적으로 갈색이며 회황색 털이 빽빽하게 나 있어요. 더듬이는 가는 편인데, 수컷은 몸길이보다 약간 짧고 암컷은 몸길이의 2/3 정도예요. 낮에는 쓰러진 나무나 침엽수 껍질 밑에 숨어 있다가 해가 질 무렵 기어 나와 활동해요.

작은넓적하늘소
몸길이 8~18mm
활동 시기 5~8월

말라 죽은 각종 침엽수, 잘라 놓은 나무 등에서 발견돼요. 낮에는 침엽수 껍질 틈새나 쓰러진 나무 밑에 숨어 있다가, 밤에 주로 활동하며 불빛에 날아와요. 더듬이는 몸길이의 1/2 정도로 짧아요. 몸은 검은색 또는 갈색, 머리와 앞가슴등판은 검은색, 딱지날개는 갈색인 개체 등 다양한 변이가 나타나요. 온몸이 짧은 털로 덮여 있어요.

검은넓적하늘소
몸길이 17~30mm
활동 시기 7~8월

우리나라에 사는 넓적하늘소류 중에서 가장 커요. 몸은 검은색이고 더듬이와 다리도 검은색이에요. 딱지날개는 울퉁불퉁한 편인데, 각각 3개의 선이 튀어나와 있어요. 침엽수림이 울창한 강원도 산지에 살면서 침엽수를 잘라낸 곳에 모여서 짝짓고 알을 낳아요. 산에서 불빛이 있는 곳, 예를 들면 주차장, 산장 등에서 밤에 불빛을 보고 잘 날아와요.

활동!
여기에 소개된 것 외에 나머지 7종에 대해서도 조사해 보세요.

다양한 꽃에 날아드는
꽃하늘소아과

* 전 세계에 약 1,600종, 우리나라에는 73종이 있어요.
* 다양한 꽃의 꿀과 꽃가루를 먹어요.
* 목하늘소아과보다 하늘을 나는 실력이 좋은 편이에요.
* 머리가 짧고, 더듬이 두 번째 마디 길이가 폭보다 짧아요.

냠냠, 꿀은 언제나 달콤해!

붉은산꽃하늘소

긴알락꽃하늘소
몸길이 12~23mm
활동 시기 5~8월

개체 수가 아주 많아서 전국 어디에서나 흔히 볼 수 있어요. 신나무, 산딸기, 개망초, 백당나무 등 봄과 여름 사이에 피는 꽃에서 잘 발견돼요. 몸은 검은색이고 머리와 앞가슴등판에 노란 털이 빽빽하게 나 있어요. 딱지날개에 노란색 줄무늬가 네 줄 있어서 다른 종과 구별하기 쉽지요. 특히 어깨 쪽에 있는 무늬는 '∩' 모양이어서 눈에 잘 띄어요. 뾰족한 침을 가진 말벌과 닮은 점을 이용해서 몸을 보호해요.

고운산하늘소
몸길이 16~23mm
활동 시기 4~6월

경기도와 강원도에서 볼 수 있는 하늘소예요. 높은 산에서 사는데, 개체 수가 적어서 관찰하기 어려워요. 머리와 앞가슴등판은 검고, 딱지날개는 짙은 노란색 바탕에 아래쪽에 검은 띠무늬가 있어요. 더듬이는 암수 모두 몸의 1/2 정도로 짧고, 가운데가 노란색이에요. 다리도 종아리 마디는 노란색이지요. 몸이 넓적하고 무거워서 꽃에 앉으면 아래로 처져요. 꽃 중에서 작약의 꽃가루와 꽃잎을 좋아해요.

메꽃하늘소
몸길이 8~12mm
활동 시기 6~8월

몸 전체가 검은색이에요. 딱지날개는 끝으로 가면서 둥글게 가늘어지는데 거의 직사각형이에요. 수컷의 더듬이는 몸길이의 약 1.5배로 길지만 암컷은 더듬이가 딱지날개 끝에 닿지 않을 정도로 짧아요. 수검은산꽃하늘소 수컷과 무척 비슷한데, 딱지날개가 더 뭉툭해서 구별할 수 있어요. 전국의 산지에서 살면서 낮에 다양한 꽃에 날아와요.

청동하늘소

몸길이 9~13mm
활동 시기 5~7월

전국의 산지에서 많이 볼 수 있어요. 낮에 활동하며 꽃에 모여들어요. 참나무나 붉나무의 껍질 틈 혹은 말라 죽은 가지에 알을 낳지요. 몸 전체는 금속과 비슷한 광택이 나는데, 청동색에서 붉은색까지 변이가 나타나요. 더듬이 길이는 몸길이의 2/3 정도예요. 점으로 새긴 듯한 무늬가 온몸에 흩어져 있어요.

노랑각시하늘소

몸길이 6~9mm
활동 시기 5~8월

경기도와 강원도 산지의 숲 가장자리에서 살고, 한낮에 흰색 꽃에 잘 모여들어요. 몸 전체가 노란빛을 띠어서 이런 이름이 붙었어요. 몸은 가늘고 길며, 더듬이와 다리 끝이 모두 검은색이에요. 더듬이는 딱지날개의 2/3 정도 길이예요. 주위 환경과 기후 변화에 민감한 편이에요. 나비나 벌처럼 꽃가루를 옮겨 주는 역할을 해요.

줄각시하늘소

몸길이 8~13mm
활동 시기 5~7월

산지나 평지의 숲 주변에서 나타나고, 개체 수가 많아서 전국 어디에서든 볼 수 있어요. 몸이 가늘고 길쭉해요. 머리와 앞가슴등판은 검은색이고, 딱지날개는 검은색 바탕에 황갈색 세로줄 무늬가 있어요. 이 줄무늬의 변이가 심한 편이에요. 가운데다리와 뒷다리의 넓적다리마디에도 검은 띠가 나타나요.

붉은산꽃하늘소

몸길이 12~22mm
활동 시기 5~9월

몸이 길쭉하고 앞가슴등판과 딱지날개, 다리의 종아리마디가 붉은색을 띠어요. 딱지날개는 뒤쪽으로 좁아지는 긴 마름모꼴이에요. 온몸에 미세한 노란색 털이 나 있어요. 꽃에 잘 날아들어요. 애벌레는 말라 죽은 나무를 파 먹고 살아요.

꼬마산꽃하늘소

몸길이 5~7mm
활동 시기 5~8월

전국에서 볼 수 있고 한낮에 층층나무, 노린재나무, 참조팝나무 등의 다양한 꽃에 날아와요. 머리와 앞가슴등판은 검은색이고, 딱지날개는 흑갈색인데 연한 갈색 무늬가 좁은 것부터 넓은 것까지 무척 다양해요. 수컷은 암컷보다 흑색 부분이 넓게 퍼져 있어요.

딱지날개를 잘 보면 흑색 부분이 퍼진 모양이 다양해요.

깔따구꽃하늘소

몸길이 11~15mm
활동 시기 5~8월

전국의 활엽수림에서 살며 개체 수도 많아서 쉽게 관찰할 수 있어요. 신나무, 조팝나무 등 다양한 나무의 꽃에서 짝짓기를 하고 꿀과 꽃가루를 먹어요. 전체적으로 검은색이고 몸 전체가 얇은 은백색과 황금색 털로 덮여 있어요. 더듬이와 뒷다리가 길고, 딱지날개는 뒤로 갈수록 좁아져요.

활동!

꽃하늘소아과에 속하는 하늘소를 더 찾아보세요.

목하늘소아과 다음으로 종수가 많은

하늘소아과

* 전 세계에 11,000종, 우리나라에는 114종이 있어요.
* 목하늘소아과 다음으로 종수가 다양해요.
* 목하늘소아과보다 하늘을 나는 실력이 좋은 편이에요.
* 풀에서는 잘 보이지 않고, 보통 나무나 꽃에서 볼 수 있어요.
* 위에서 내려다볼 때 앞가슴등판이 둥근 형태가 많아요.

알락수염하늘소
(목하늘소아과)

어때, 내가
더 잘 날지?

산흰줄범하늘소

네눈박이하늘소
몸길이 8~14mm
활동 시기 5~8월

참나무가 많은 산지에 살며 주로 나무의 껍질을 먹어요. 몸은 광택이 있는 적갈색이고, 딱지날개에 노란색 점무늬가 네 개 있어요. 점 주위는 어두운 갈색이에요. 특이하게도 넓적다리마디가 볼록한 곤봉 모양이에요. 국가생물적색자료집에 취약한 종류로 분류되어 있어요.

> 국가생물적색자료집은 멸종위기에 처한 야생생물종을 조사해서 정리한 자료집이에요.

엿하늘소
몸길이 5~9mm
활동 시기 5~8월

낮과 밤에 모두 활동하고, 활엽수의 잎 뒷면에 붙어서 쉬어요. 밤에 불빛에 이끌려 날아오기도 해요. 몸은 가늘고 길쭉하며 광택이 있고, 전체적으로 갈색에서 적갈색을 띠어요. 더듬이는 암수 모두 몸길이보다 길어요. 딱지날개는 앞가슴등판보다 넓고 매끈해요. 경기도와 강원도 등의 산지에서 주로 볼 수 있어요.

용정하늘소
몸길이 5~7mm
활동 시기 5~6월

산지의 낙엽 활엽수림에서 살면서 말라 죽은 밤나무에 모여들어요. 몸 색깔이 갈색과 흑갈색인 데다 크기가 작고, 몸통이 가늘고 길어서 얼핏 보면 개미처럼 보여요. 크기가 작다 보니 발견하기가 무척 어려워요. 더듬이는 가슴까지 닿아요. 딱지날개가 매우 짧아서 뒷날개로 배를 덮고, 넓적다리마디가 알통처럼 퉁퉁한 것이 특징이에요.

굵은수염하늘소

몸길이 15~18mm
활동 시기 5~8월

산지의 숲 가장자리에 있는 밤나무와 떡갈나무 근처에서 나타나요. 머리와 가슴은 대체적으로 검은색이고 딱지날개는 광택이 도는 붉은색이에요. 더듬이가 굵고 톱날처럼 생겨서 '굵은 수염'이라고 부르지요. 나뭇잎이나 풀 위에 앉아 쉴 때는 더듬이를 위로 쭉 펴는데, 이 모습이 마치 차렷 자세를 하고 있는 것처럼 보여요. 다양한 꽃 주위를 어슬렁거리듯이 이리저리 날아다녀요.

달주홍하늘소

몸길이 17~23mm
활동 시기 5~7월

전국에서 볼 수 있지만 개체 수가 적어서 실제로 발견하기는 힘들어요. 밤에 불빛에 날아오는지는 알려지지 않았어요. 꽤 커다란 하늘소로 앞가슴등판과 딱지날개는 붉은색이고 머리, 더듬이, 다리 등은 검은색이에요. 앞가슴등판과 딱지날개에 검정 무늬가 있지요. 수컷은 더듬이가 몸길이의 약 2배, 암컷은 몸길이와 거의 비슷해요.

범하늘소

몸길이 8~16mm
활동 시기 5~8월

전국에서 볼 수 있고 낮에 활동해요. 말라 죽은 참나무 등의 활엽수에서 관찰할 수 있어요. 몸이 짧고 전체적으로 검은색이에요. 등 쪽에는 누런 회색, 배 쪽에는 하얀 회색의 짧은 털이 빽빽이 나 있어요. 딱지날개 위쪽에는 화(火) 자처럼 생긴 무늬가 있는 게 특징이에요. 앞가슴등판 아래쪽에 있는 무늬는 개체에 따라 모양의 변이가 심해요.

벌호랑하늘소

몸길이 8~19mm
활동 시기 5~8월

전국에서 흔히 볼 수 있어요. 머리와 앞가슴등판, 딱지날개에 노란색 줄무늬가 여러 개 있는데, 특히 딱지날개 앞쪽에 있는 두 개의 팔(八) 자 모양이 눈에 잘 띄어요. 국수나무, 밤나무, 개망초 등의 꽃에서 자주 볼 수 있고 애벌레는 말라 죽은 오리나무, 호두나무, 버드나무, 신갈나무 등에서 발견할 수 있어요. 자기보다 힘센 땅벌로 위장해서 적을 속여요.

앗, 땅벌이네!

헤헤, 아닌데.

서울가시수염범하늘소

몸길이 12~18mm
활동 시기 5~7월

개체 수가 많아 전국에서 볼 수 있어요. 몸은 짙은 흑갈색이고, 딱지날개에 회갈색 가로무늬가 있는데 가운데가 가장 넓어요. 더듬이는 몸길이의 1/2 정도예요. 수컷이 암컷보다 더듬이가 더 길어요. 한낮에 활동하며 흰색 꽃에 잘 모여들어요. 예전에는 중부 지방에서만 발견되었지만 최근에는 남부 지방에서도 가끔 발견돼요.

산흰줄범하늘소

몸길이 7~13mm
활동 시기 5~7월

전국 내륙 지방의 활엽수림에서 볼 수 있어요. 주로 잘라낸 참나무 등에서 발견되고, 다양한 꽃 위에서도 볼 수 있지요. 몸은 검은색이고 가느다란 황색 털로 덮여 있어요. 딱지날개에 2개의 흰색 줄무늬가 있는 것이 특징이에요. 어깨 쪽에 있는 줄은 팔(八) 자 모양이고, 아래에 있는 줄은 거의 직선이에요. 흰줄범하늘소와 비슷하게 생겼어요.

우리범하늘소

몸길이 7~16mm
활동 시기 6~8월

낮에 활동하며, 말라 죽은 참나무 등의 활엽수에서 볼 수 있어요. 몸은 전체적으로 검은색이고, 더듬이는 딱지날개의 1/2 정도예요. 등과 배에 짧은 회백색 털이 빽빽하게 나 있어요. 딱지날개 위쪽에는 불 화(火) 자 무늬가 있고, 가운데와 끝 무늬는 띠 모양이에요. 앞가슴등판에는 회색 털이 빽빽하게 나 있는데, 털 없는 부분이 있어서 마치 회색 바탕에 검은색 무늬가 있는 것처럼 보여요.

홀쭉범하늘소

몸길이 9~15mm
활동 시기 6~7월

제주도를 포함한 남부 지역에 살아요. 낮에 활동하며, 노박덩굴과 팽나무 등 말라 죽은 다양한 활엽수에서 볼 수 있어요. 몸은 흑갈색이지만, 몸 전체가 가느다란 연두색 털로 덮여 있어서 마치 연두색처럼 보여요. 더듬이는 암수 모두 몸길이의 1/2 정도예요. 딱지날개에 검은색 무늬가 있는데 개체마다 변이가 다양해요. 성질이 예민해서 주변에서 조금만 움직여도 곧 날아가 버려요.

검정삼나무하늘소

몸길이 10~14mm
활동 시기 5~7월

강원도 등 북쪽 산림 지대에 살아요. 몸은 전체적으로 검은색이고, 앞가슴등판과 머리는 붉은색이에요. 외국의 검정삼나무하늘소는 앞가슴등판이 대부분 검은색인데 우리나라에서 발견된 것은 모두 붉은색이라는 점이 특징적이에요. 더듬이는 검은색이고 수컷은 몸길이의 1.5배, 암컷은 몸길이와 거의 같아요. 암수 모두 넓적다리마디가 약간 부풀어 있어요.

앞가슴등판 색이 모두 붉은색인지는 좀 더 확인해야 해요. 지금까지 발견된 개체 수가 적고, 특정 지역에서만 발견되었기 때문이에요.

육점박이범하늘소

몸길이 7~13mm
활동 시기 5~7월

딱지날개에 검은색 점이 여섯 개 있어서 이런 이름이 붙었어요. 몸은 원래 흑갈색인데, 몸 전체가 얇은 연두색 털로 덮여 있어서 연두색처럼 보여요. 더듬이는 암수 모두 몸길이의 1/2 정도예요. 앞가슴등판에 흑갈색 얼룩무늬가 있고, 딱지날개에는 세 쌍의 검은색 무늬가 있는데 앞쪽의 두 개는 갈고리 모양으로 휘어 있어요. 검은색 무늬가 두 쌍만 있는 변이도 종종 발견돼요. 홀쭉범하늘소와 닮았는데, 딱지날개 맨 앞쪽 무늬도 다르고 전체적으로 몸 색깔도 더 진해요. 기어 다니는 속도가 길앞잡이만큼 빨라요.

주홍삼나무하늘소

몸길이 7~17mm
활동 시기 5~6월

다리와 더듬이를 뺀 나머지 몸 색깔이 주홍색이어서 이런 이름이 붙었어요. 더듬이는 각 마디 끝이 넓고 몸보다 조금 길어요. 넓적다리마디가 알통처럼 굵게 튀어나와 있는 게 특징이에요. 평지와 산지의 낙엽 활엽수림 주변에서 볼 수 있고, 말라 죽은 나무에 알을 낳아요.

활동!
하늘소아과에 속하는 하늘소를 더 찾아보세요.

하늘소 중에서 종수가 가장 많은
목하늘소아과

* 전 세계에 약 20,000종, 우리나라에는 151종이 있어요.
* 우리나라는 물론, 전 세계에서 가장 종수가 많아요.
* 종수가 많은 만큼 형태와 생태도 무척 다양해요.
* 뒷날개가 퇴화되어 날지 못하는 종도 있어요.
* 꽃하늘소아과나 하늘소아과보다 잘 날지 못해요.

잘 날지는 못하지만,
하늘소 중에서는
우리 수가 가장 많다고!

국화하늘소
남색초원하늘소
모시긴하늘소
알락수염하늘소
깨다시하늘소

깨다시하늘소

몸길이 10~17mm
활동 시기 5~8월

개체 수가 많아 전국에서 볼 수 있어요. 산지 숲속의 말라 죽은 나무에서 생활하며, 낮과 밤 모두 활동하고 밤에 불빛을 보고 날아와요. 몸 전체가 짙은 회색 바탕에 주황색과 검은색 반점이 곳곳에 흩어져 있어요. 수컷은 더듬이가 몸길이의 1.5배 정도이고, 암컷의 더듬이는 몸길이와 비슷해요.

너 나랑 왜 이렇게 닮았어?
난 풍뎅이인데?

곤봉하늘소

몸길이 4~8mm
활동 시기 6~8월

강원도, 울릉도 산지의 활엽수림에서 피나무 같은 활엽수의 가느다란 줄기를 먹고 살아요. 말라 죽은 나무나 꽃에서도 종종 볼 수 있어요. 몸은 길쭉하고 전체적으로 검은색과 짙은 황색이에요. 더듬이는 암컷과 수컷 모두 몸길이보다 길어요. 앞가슴등판은 둥글면서도 길쭉하고, 딱지날개 아래쪽에 검은색 점이 네 개 있어요. 밤에 불빛에 날아오기도 해요.

국화하늘소

몸길이 6~9mm
활동 시기 4~5월

전국의 풀밭에서 볼 수 있어요. 주로 국화과 식물에 모여들고 애벌레도 같은 식물에서 살아요. 몸은 검은색인데 약간 남색 빛이 돌고, 앞가슴등판에 붉은색 점이 있는 게 특징이에요. 딱지날개에는 회색 털이 빽빽하게 나 있어요. 다리의 넓적다리마디와 배의 끝 두 마디는 주황색을 띠어요. 국화를 점차 말라 죽게 만들어서 국화를 키우는 농장에 피해를 끼치기도 해요.

남색초원하늘소

몸길이 11~17mm
활동 시기 5~7월

개체 수가 많아서 개망초 같은 국화과 식물의 줄기에 붙어 있는 모습을 쉽게 관찰할 수 있어요. 제주도를 비롯해 전국의 풀밭에서 볼 수 있지요. 몸은 가늘고 긴 원통형이고, 몸 색깔은 청남색에 광택이 강한 편이에요. 몸의 등 쪽에 검은색 털이 많이 나 있어요. 특히 더듬이의 3, 4마디에 검은색 털뭉치가 있어서 다른 종들과 쉽게 구별돼요.

노란줄점하늘소

몸길이 8~11mm
활동 시기 5~8월

전국에서 볼 수 있으며 개체 수가 많아요. 붉나무 잎사귀 뒤에 앉아서 쉬고, 나는 능력이 뛰어나서 한낮에 날아다니는 모습을 쉽게 관찰할 수 있지요. 몸은 전체적으로 기다랗고, 더듬이는 몸길이의 1.3배 정도예요. 앞가슴등판은 검은색이고, 딱지날개에 노란색 세로줄 한 쌍과 노란색 점무늬가 두 쌍 있어요. 다리가 짧은 편이에요.

녹색네모하늘소

몸길이 12~17mm
활동 시기 7~8월

전국 산지의 낙엽수가 많은 곳에서 살며 낮과 밤에 모두 활동해요. 특히 밤이면 불빛에 이끌려 자주 날아와요. 몸은 황금빛을 띠는 녹색인데 금속 광택이 강해요. 앞가슴등판에 검은 점이 두 개 있고, 딱지날개에 검은 점 세 쌍이 세로로 나타나는데, 맨 아래 점무늬는 갈고리 모양이라 마치 에스(s) 자처럼 보여요. 수컷의 더듬이는 몸길이보다 조금 길고 암컷의 더듬이는 이보다 조금 짧아요.

뽕나무하늘소

몸길이 35~45mm
활동 시기 7~8월

매우 커다란 대형 종이에요. 들이나 야산의 활엽수 줄기, 특히 뽕나무에서 주로 발견돼요. 전국에서 볼 수 있고, 마을부터 깊은 산속까지 나타나는 범위가 넓어요. 밤에 활동하며 불빛을 보고 잘 날아와요. 몸은 황토색에 가까운 녹색이고 칙칙한 회황색 털로 덮여 있어요. 앞가슴등판의 양옆에 뾰족한 돌기가 있어요. 사과나무, 뽕나무, 버드나무 등의 가지나 줄기에 구멍을 내고 파고들어 피해를 끼쳐요. 애벌레는 여러 종류의 활엽수에 기생하는데 주로 뽕나무에 많이 살아요.

경상남도 진주를 비롯한 남쪽 지방에서 살며, 평지의 무궁화에서 주로 발견돼요. 수컷의 더듬이는 몸보다 조금 길고, 앞가슴등판은 연한 녹색과 하늘색 바탕에 둥글고 검은 점이 두 개 있어요. 딱지날개는 아래로 가면서 좁아지는데, 검은색 바탕에 푸른빛 도는 흰색 띠가 가로로 굵게 나타나요.

모시긴하늘소

몸길이 12~17mm
활동 시기 5~7월

> 무궁화에서 주로 발견돼서 '무궁화하늘소'로도 불려요.

산황하늘소

몸길이 6~9mm
활동 시기 5~7월

강원도, 경기도의 울창한 산림에 살아요. 낮에 활동하는데 다양한 활엽수에서 볼 수 있어요. 밤에 불빛을 보고 잘 날아들어요. 몸은 길쭉하며 전체적으로 검은색을 띠고, 딱지날개는 거의 평행하다가 끝으로 가면서 가늘어져요. 딱지날개에 흰색 점이 2~8개 생기는 변이가 나타나기도 해요. 더듬이는 몸길이의 1.3배 정도예요.

솔수염하늘소

몸길이 18~27mm
활동 시기 7~8월

한반도 남부 지역에서 살고, 밤에 나와서 돌아다녀요. 쇠약해지거나 말라 죽은 침엽수에서 주로 볼 수 있어요. 수컷은 더듬이가 몸길이의 2~2.5배, 암컷은 1.5배 정도로 길어요. 소나무를 해치는 소나무재선충을 옮기는 대표적인 해충이에요.

알락수염하늘소

몸길이 12~24mm
활동 시기 7~8월

제주도를 포함한 남부 지역의 산림에 살아요. 몸은 검은색 바탕에 회백색 털로 덮여 있는데, 이 털이 군데군데 빽빽하게 나서 불규칙한 무늬를 이루어요. 수컷의 더듬이는 몸길이의 거의 3배에 이를 만큼 아주 긴 것이 특징이에요. 암컷의 더듬이는 몸길이의 2배 정도로 조금 짧아요. 국가생물적색자료집에 취약한 종류로 수록되어 있고, 학술적 가치가 높은 종이에요.

울도하늘소

몸길이 19~30mm
활동 시기 7~9월

우리나라에서는 울릉도에 주로 분포해서 울릉도하늘소라고도 불러요. 수컷은 더듬이가 몸길이의 3배 정도 돼요. 주로 뽕나무 껍질을 갉아 먹는데 누에 산업이 점차 사라지면서 뽕나무 재배가 줄어들자, 개체 수가 급격히 줄어 멸종위기 야생생물 Ⅱ급으로 선정되었어요. 이후 사육 기술이 개발되면서 개체 수가 늘어나 멸종위기종에서 해제되었답니다.

유리알락하늘소

몸길이 25~35mm
활동 시기 6~8월

강원도, 경기도, 경상북도 등에서 볼 수 있어요. 살아 있는 버드나무, 단풍나무 등에서 낮에 발견되며, 애벌레가 이 나무들을 말라 죽게 하는 해충이에요. 딱지날개에 흰색 또는 옅은 황색 반점이 흩어져 있는데, 개체에 따라 변이가 다양해요. 수컷은 더듬이가 몸길이의 2배, 암컷은 1.3배 정도로 길어요.

> 내가 세계 100대 유해 외래 생물이라니, 말도 안 돼!
> (60쪽 참고)

털두꺼비하늘소

몸길이 16~27mm
활동 시기 3~10월

몸이 통통한 타원형이고 검은색이에요. 등에 흑갈색과 백색의 짧은 털이 나 있어요. 우툴두툴한 앞가슴등판이 두꺼비를 닮았지요. 딱지날개에는 검은색 털뭉치가 불규칙하게 흩어져 있어서 검은색 무늬처럼 보여요. 도심에 있는 작은 숲에서도 잘 살아갈 정도로 생활력과 번식력이 강하지요. 애벌레는 상수리나무, 졸참나무, 밤나무, 굴피나무 등을 파 먹고 살아요.

후박나무하늘소

몸길이 18~25mm
활동 시기 5~7월

국내에서만 발견되는 고유종으로 거제도, 완도 등 남부 해안 지방의 상록활엽수 숲에서 볼 수 있어요. 살아 있는 후박나무에서 한낮에 짝을 짓기도 하고 나무껍질을 갉아 먹기도 해요. 몸 전체에 붉은색 털이 마치 벨벳처럼 촘촘하게 나 있고, 딱지날개에는 작은 검은색 점이 여기저기 흩어져 있어요. 암컷과 수컷 모두 더듬이가 몸길이보다 훨씬 긴데, 수컷은 더듬이가 몸길이의 2배 정도 돼요.

활동!
목하늘소아과에 속하는 하늘소를 더 찾아보세요.

우리나라에는 단 1종만 있는
깔따구하늘소아과

* 전 세계에 379종, 우리나라에는 1종이 있어요. 바로 깔따구하늘소예요.
* 하나의 독립된 과가 아니라, 하늘소과에 속한다고 보는 의견도 있어요.

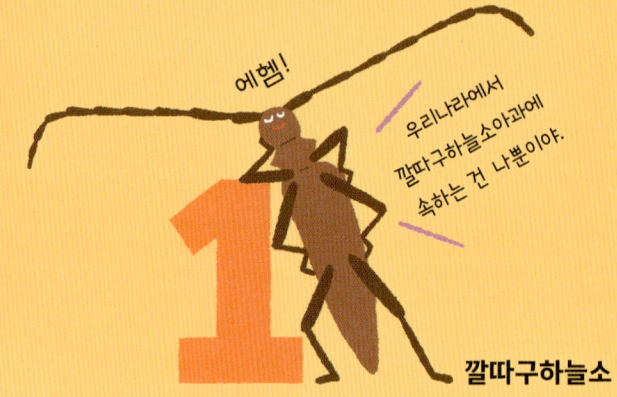

깔따구하늘소

나나니벌과 비슷하게 생긴
벌하늘소아과

* 전 세계에 130종, 우리나라에는 3종이 있어요. 바로 벌하늘소, 큰벌하늘소, 북방벌하늘소예요.
* 딱지날개가 짧아서 딱정벌레보다는 나나니벌과 비슷해 보여요.

나나니벌   큰벌하늘소

깔따구하늘소

몸길이 20~30mm
활동 시기 6~9월

개체 수가 많아 전국에서 흔히 볼 수 있어요. 말라 죽은 침엽수나 활엽수에서 늦은 밤까지 눈에 띄어요. 몸은 흑갈색이고 온몸이 연한 회백색 털로 덮여 있어요. 더듬이는 몸길이보다 길고, 딱지날개는 뒤로 갈수록 좁아져 마름모꼴을 이루어요. 앞가슴 등판에는 점처럼 튀어나온 무늬가 많고 양옆으로 큰 가시 모양의 돌기가 있어요.

밤에 불빛을 보고 잘 날아오고, 낮에는 보기 힘들어요.

큰벌하늘소

몸길이 15~18mm
활동 시기 6~8월

고산 지대의 낙엽 활엽수림에 살며 다양한 종류의 말라 죽은 나무들에 모여들어요. 일반적인 하늘소보다는 벌인 나나니벌과 더 비슷하게 생겼어요. 겉모습만 비슷한 게 아니라, 수컷이 마치 벌처럼 침으로 찌르는 것같이 행동하기도 해요. 더듬이는 긴 편으로 배 끝에 조금 못 미쳐요. 딱지날개는 검은색인데 매우 짧고 뒷날개는 길어서 배 끝을 넘겨요. 넓적다리마디가 알통처럼 통통하고 길어요.

누구게?
하늘소? 벌?

활동!

벌하늘소와 북방벌하늘소에 대해서도 조사해 보세요.

세계의 하늘소를 만나요

하늘소는 전 세계에 무려 38,000여 종이 있어요. 종수가 많은 만큼 형태도 무척 다양해요. 아시아 대륙에서는 동남아시아에, 아메리카 대륙에서는 중앙아메리카와 남아메리카에 많이 살지요. 세계의 하늘소들을 만나 볼까요?

유리알락하늘소

학명 Anoplophora glabripennis
사는 곳 한반도, 중국, 일본
몸길이 약 25~35mm

원래는 한반도와 중국, 일본에서만 살던 종이지만, 1990년대에 미국, 2000년대에 유럽에 퍼지면서 다양한 식물에 해를 끼쳤어요. 막대한 경제적 피해를 입혀서, 현재 세계자연보전연맹에서 지정한 '세계 100대 유해 외래 생물' 중 하나가 되고 말았어요.

아시아

기가스곰보얼룩하늘소

학명 Neocerambyx gigas
사는 곳 태국, 말레이반도
몸길이 약 88mm

몸 전체가 회갈색 바탕에 흑갈색 무늬가 어지럽게 퍼져 있어요. 특히 앞가슴등판에 곰보처럼 흠이 많아 생김새가 흉한 편이에요. 말레이반도에서 태국에 이르는 열대 우림에 살아요.

가랑잎하늘소

학명 Macrodontia cervicornis
사는 곳 남아메리카
몸길이 63~173mm

더듬이는 짧은 편이고, 큰턱이 가위처럼 길게 앞으로 발달했어요. 지금까지 발견된 하늘소 중 가장 몸길이가 길어요. 딱지날개에 아주 화려한 무늬가 있지요. 이 무늬는 열대 우림 지역 나무의 껍질과 비슷해서, 롱기마누스앞장다리하늘소와 마찬가지로 천적의 눈을 피할 수 있게 도와주는 역할을 해요.

롱기마누스앞장다리하늘소

학명 Acrocinus longimanus
사는 곳 중앙아메리카, 남아메리카
몸길이 25~55mm

이름에 '길이가 긴 팔'이라는 뜻이 있어요. 화려한 무늬와 함께 생김새가 색달라서 유명해요. 몸길이의 최대 3배에 이르는 긴 앞다리가 큰 특징이에요. 딱지날개와 가슴에 화려한 무늬가 있는데, 이 무늬는 열대 우림 내부의 버섯이나 이끼 등의 색상과 비슷해요. 그래서 적의 눈을 피할 수 있도록 도와주지요. 멕시코 남부부터 남아메리카 전체에서 쉽게 찾아볼 수 있어요. 낮보다는 해가 질 무렵에 활발하게 활동하고, 밤에 불빛을 보고 날아와요.

바바투스장수하늘소

학명 Callipogon barbatus
사는 곳 중앙아메리카
몸길이 50~110mm

우리나라에 사는 장수하늘소와 같은 속에 속해요. 우리나라 장수하늘소를 제외하고, 바바투스장수하늘소를 포함해 대부분의 장수하늘소속 하늘소가 중앙아메리카와 남아메리카에 살아요. 그래서 대륙 이동설의 좋은 증거가 된답니다. 큰턱에 발달하는 억센 털이 큰 특징 중 하나예요. 암컷은 큰턱의 길이가 수컷보다 짧지만, 수컷과 마찬가지로 억센 털이 발달했어요. 더듬이의 최대 길이는 80mm 정도예요. 중앙아메리카의 열대 우림 지역에 넓게 퍼져서 생활해요. 밤에 불빛을 보고 날아와요.

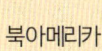

북아메리카

중앙아메리카

남아메리카

타이탄하늘소

학명 Titanus giganteus
사는 곳 남아메리카
몸길이 80~167mm

남아메리카의 아마존 열대 우림에서 살아요. '타이탄'은 라틴어로 거대하다는 뜻이에요. 실제로 타이탄하늘소는 세계에서 두 번째로 큰 딱정벌레랍니다. 참고로 세계에서 가장 큰 딱정벌레는 헤라클레스장수풍뎅이예요. 굵은 큰턱은 연필을 턱 사이에 끼우면 부러뜨릴 수 있을 정도로 힘이 세요. 수컷은 죽을 때까지 아무것도 먹지 않고, 모든 힘을 짝을 찾는 데 사용해요.

스스로 연구하기

하늘소에 대한 호기심이 어느 정도 풀렸나요?
그동안 배운 것을 바탕으로 하늘소에 관해 스스로 연구해 보세요.
밖에 나가 하늘소를 채집한 뒤 집에서 잘 기르며 관찰해 보세요.
표본을 만들어 보는 것도 좋은 학습이 될 거예요.
스스로 연구한 내용은 머릿속에 한층 더 쏙쏙 들어온답니다.

하늘소를 채집하고 길러요

하늘소를 채집하려면 가장 많이 활동하는 시기인 봄과 여름이 좋아요. 그런데 하늘소는 장수풍뎅이나 사슴벌레보다 채집하기가 어려워요. 크기가 작고, 주위와 비슷한 보호색을 띤 것들이 많기 때문이에요. 그럼 어떻게 해야 하늘소를 잘 채집할 수 있을까요? 하늘소의 다양한 생태를 배우면 되지요. 단, 곤충의 생명도 소중하니까 죽이려고 잡으면 절대 안 돼요!

> 하늘소는 나뭇가지나 잎 뒤에 숨어 있는 경우가 많아서 쉽게 눈에 띄지 않아요.

하늘소를 채집해요

포충망으로 채집하기
하늘소가 있을 만한 꽃이나 풀, 마른 나뭇가지 등을 포충망으로 쓸어내듯이 털어서 채집해요.

불빛을 이용해서 채집하기
밤에 활동하는 하늘소 중에는 불빛을 보고 날아오는 것들이 있어요. 해가 진 뒤 공원이나 산길의 가로등을 찾아가서 채집해요.

> 어두워진 뒤에는 혼자 채집하지 말고, 보호자와 함께 채집하세요.

수액이 흐르는 나무에서 채집하기
낮에 집 근처 숲이나 공원에 가서 수액이 흐르는 나무를 찾아 두어요. 그런 다음 해가 지고 어둑어둑해진 뒤 다시 가서 수액을 먹으려고 찾아온 하늘소를 채집해요.

하늘소를 길러요

하늘소는 채집하기도 어렵고 기르기도 쉽지 않아요. 자연 상태가 아닌 집에서 기르면 대부분 오래 살지 못하기 때문이에요. 하지만 잠깐 동안은 기르며 관찰할 수 있지요. 충분히 관찰한 뒤에는 하늘소를 자연으로 돌려보내 주세요. 근래에 개체 수가 많아져 멸종위기종에서 해제된 울도하늘소를 한번 길러 볼까요?

뽕나무보다 인공 사료가 더 간편하고, 번데기에서 어른벌레가 되기까지 기르는 데 성공하는 비율도 높대요.

뽕나무 묘목을 먹이로 넣어 줘요. 뽕나무 묘목은 판매하는 곳이 있으므로 쉽게 구할 수 있어요.

몸이 뒤집혀도 잡고 일어날 수 있고, 오르락내리락하며 놀 수 있도록 잔가지들을 넣어 줘요.

울도하늘소

수조 바닥에 흙을 15cm 정도 높이로 깔아요.

온도는 25℃, 습도는 60~70%가 적당해요. 휴지나 천, 솜 등을 물에 적셔서 습도를 맞추면 편해요.

놀이하며 하늘소를 관찰해요

곤충은 예부터 아이들의 좋은 놀이 친구였어요. 곤충과 관련 있는 놀이라고 하면, 흔히 장수풍뎅이나 사슴벌레끼리 싸움 붙이는 것을 떠올려요. 하늘소와도 재미있게 노는 방법이 있답니다. 바로 '돌 들기' 놀이예요.

하늘소 돌 들기 놀이

하늘소는 예전에 '돌드레'로도 불렸어요. 옛날에 아이들이 하늘소의 더듬이를 붙잡은 채, 하늘소에게 돌을 들게 하던 놀이에서 유래했다고 해요.

놀이 방법은 간단해요. 먼저 주위에서 가장 흔하게 볼 수 있는 하늘소 중 하나인 털두꺼비하늘소를 채집해요. 그런 다음 적당한 크기의 돌멩이 위에 얹어 놓고 더듬이를 잡아 살살 들어 올리면, 털두꺼비하늘소가 다리와 발톱으로 돌멩이를 꽉 붙잡지요.

하늘소 돌 들기 놀이는 털두꺼비하늘소 외에 우리목하늘소로도 할 수 있어요. 주위에서 흔히 볼 수 있고, 몸집이 큰 데다 더듬이가 굵고 단단한 점이 닮았거든요.

하늘소가 다치지 않도록 돌 들기 놀이는 한두 번 정도로 가볍게 하는 것이 좋아요. 놀이를 마친 뒤에는 하늘소를 풀어 주고, 관찰한 내용을 관찰일지에 써 보세요.

관찰 대상	털두꺼비하늘소
관찰 날짜	2022년 7월 18일
준비 도구	돌멩이
관찰 장소	집 근처 숲

관찰 내용

* 우툴두툴한 앞가슴등판이 두꺼비를 닮았다.

* 몸길이가 25cm 정도로 큰 편이다.

* 뒤집어 놓으면 잠깐 버둥대다가, 기다란 더듬이를 이용해서 몸을 다시 뒤집는다.

* 돌멩이를 들게 하면 다리와 발톱으로 단단히 붙잡는다.

느낀 점

조그만 곤충인데 생각보다 힘이 세서 놀랐다. 장수풍뎅이도 자기 몸무게의 50배까지 들어 올린다는데, 털두꺼비하늘소와 대결하게 하면 어떨지 궁금하다.

하늘소 표본을 만들어요

곤충 표본을 왜 만들까요? 곤충을 오래도록 원래 모습대로 두고 보려고 만든답니다. 곤충 표본을 만드는 방법에는 크게 건조 표본과 액침 표본의 두 가지가 있어요. 건조 표본은 말려서 곤충의 수분을 없애는 것이고, 액침 표본은 알코올을 넣은 유리병에 곤충을 담는 거예요. 딱정벌레처럼 딱딱한 외골격을 가진 곤충은 주로 건조 표본으로 만들지요.

> 애벌레나 번데기처럼 모양이 변하기 쉬운 것들은 주로 액침 표본으로 만들어요.

건조 표본 만들기

준비물 ▶
전족판, 핀셋, 곤충 핀, 밀폐용기, 솜, 물

1 밀폐용기에 하늘소와 물에 적신 솜을 함께 넣고, 냉장실에 1~2일 정도 넣어 두어 몸을 부드럽게 만들어요.

2 전족판에 하늘소를 올리고 곤충 핀으로 가슴을 먼저 고정한 뒤, 핀셋으로 다리와 더듬이를 대칭으로 맞춰 고정해요.

3 채집한 장소, 채집한 날짜, 채집한 사람 이름을 적어서 함께 붙여요.

4 햇빛이 들지 않는 서늘한 곳에서 2~3주 정도 말려요.

5 말린 표본에서 곤충 핀을 뽑고, 액자에 넣어 이름표를 달면 멋진 하늘소 표본 완성!

하늘소 표본

검정삼나무하늘소

노랑줄점하늘소

남풀색하늘소

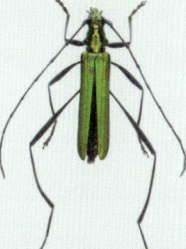
깔따구풀색하늘소

넓은촉각줄범하늘소

참나무하늘소

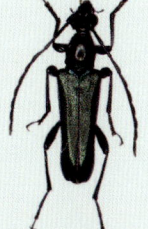
남색산꽃하늘소

무늬넓적하늘소

유리알락하늘소

우리목하늘소

알락수염붉은산꽃하늘소

후박나무 하늘소

참풀색하늘소

벚나무사향하늘소

우단하늘소

산꼬마수염하늘소

청줄하늘소

털두꺼비하늘소

하늘소 탐구 퀴즈를 풀어요

하늘소에 대해 얼마나 알게 되었나요? 다음 퀴즈를 풀면서 하늘소를 더 탐구해 보세요.

1. 딱정벌레가 아닌 것은 다음 중 무엇일까요?
   ① 사슴벌레 ② 하늘소
   ③ 거미   ④ 장수풍뎅이

2. 하늘소는 더듬이가 짧아요.
   이 설명이 맞으면 ○, 틀리면 X를 표시하세요.

이 책에 나온 하늘소에 관한 퀴즈예요. 정답을 모르겠거든 다시 앞으로 가서 읽어 보세요.

3. 천연기념물이자, 멸종위기 야생생물 I급으로 지정된 하늘소의 이름은 무엇일까요?

4. 버들하늘소, 장수하늘소, 하늘소를 크기가 큰 순서대로 말해 보세요.

5. 하늘소가 살지 않는 곳은 다음 중 어디일까요?
   ① 풀   ② 꽃
   ③ 나무 ④ 바위

6. 세계에서 두 번째로 큰 딱정벌레로, 남아메리카의 아마존 열대 우림에 사는 하늘소는 무엇일까요?

7. 긴알락○하늘소, 붉은산○하늘소, 깔따구○하늘소의 빈칸에 똑같이 들어갈 말은 무엇일까요?

8. 멸종위기 야생생물 Ⅰ급에 속하지 않는 곤충은 다음 중 무엇일까요?

　❶ 산굴뚝나비　❷ 비단벌레
　❸ 울도하늘소　❹ 장수하늘소

9. 털두꺼비하늘소는 어떤 동물을 닮았을까요?

10. 하늘소는 완전탈바꿈을 해요

　이 설명이 맞으면 ○, 틀리면 X를 표시하세요.

11. 고운산하늘소가 좋아하는 꽃은 다음 중 무엇일까요?

　❶ 무궁화　❷ 작약
　❸ 장미　❹ 민들레

얼마나 맞힐 수 있을까?

12. 솔수염하늘소의 천적은 다음 중 무엇일까요?

　❶ 기생벌　❷ 꿀벌
　❸ 말벌　❹ 땅벌

13. 이름에 '길이가 긴 팔'이라는 뜻이 있고, 앞다리가 몸길이의 최대 3배에 이를 만큼 긴 하늘소는 무엇일까요?

14. 흰깨다시하늘소는 울퉁불퉁한 나무껍질과 비슷한 모습으로 천적을 속여요.

　이 설명이 맞으면 ○, 틀리면 X를 표시하세요.

정답은 뒷장에 있어요!

71

정답

70~71쪽

1. ③ (13쪽)
2. X (14쪽)
3. 장수하늘소 (16쪽)
4. 장수하늘소 > 버들하늘소 > 하늘소 (21쪽)
5. ④ (10~11쪽)
6. 타이탄하늘소 (61쪽)
7. 꽃 (43, 45쪽)
8. ③ (19, 23쪽)
9. 두꺼비 (57쪽)
10. ○ (28쪽)
11. ② (43쪽)
12. ① (32쪽)
13. 롱기마누스앞장다리하늘소 (61쪽)
14. ○ (33쪽)

장수하늘소

작은넓적하늘소

고운산하늘소

굵은수염하늘소

남색초원하늘소

울도하늘소

작은넓적하늘소

과 검정하늘소아과
몸길이 8~18mm
나타나는 시기 5~8월

말라 죽은 각종 침엽수, 잘라 놓은 나무 등에서 발견돼요. 밤에 주로 활동하며, 낮에는 침엽수 껍질 틈새나 쓰러진 나무 밑에 숨어 있어요. 더듬이는 몸길이의 1/2 정도로 짧아요. 몸은 검정색 또는 갈색, 머리와 앞가슴등판은 검정색, 딱지날개는 갈색인 개체 등 다양한 변이가 나타나요. 온몸이 짧은 털로 덮여 있어요.

장수하늘소

과 톱하늘소아과
몸길이 65~120mm
나타나는 시기 7~8월

우리나라에 사는 딱정벌레 중에서 가장 커요. 몸은 흑갈색이고 머리, 앞가슴등판의 앞쪽 양옆, 가운데가슴등판 쪽에 짧은 금빛 털이 나 있어서 마치 무늬처럼 보여요. 수컷의 큰턱은 굵고 길어요. 멸종위기 야생생물 I급으로 지정되었는데, 우리나라에서는 경기도 광릉숲에서만 발견돼요.

굵은수염하늘소

과 하늘소아과
몸길이 15~18mm
나타나는 시기 5~8월

산지의 숲 가장자리에 있는 밤나무와 떡갈나무 근처에서 나타나요. 딱지날개는 광택이 도는 붉은색이에요. 더듬이가 굵고 톱날처럼 생겨서 '굵은 수염'이라고 부르지요. 나뭇잎이나 풀 위에 앉아 쉴 때는 더듬이를 위로 쭉 펴는데, 이 모습이 마치 차렷 자세를 하고 있는 것처럼 보여요.

고운산하늘소

과 꽃하늘소아과
몸길이 16~23mm
나타나는 시기 4~6월

경기도와 강원도에서 볼 수 있어요. 높은 산에서 사는데, 개체 수가 적어서 관찰하기 어려워요. 머리와 앞가슴등판은 검고, 딱지날개는 짙은 노란색 바탕에 아래쪽에 검은 띠무늬가 있어요. 더듬이는 암수 모두 몸의 1/2 정도인데, 가운데가 노란색이에요. 다리도 종아리 마디는 노란색이지요.

울도하늘소

과 목하늘소아과
몸길이 19~30mm
나타나는 시기 7~9월

우리나라에서는 울릉도에 주로 분포해서 울릉도하늘소라고도 불러요. 수컷은 더듬이가 몸길이의 3배 정도 돼요. 주로 뽕나무 껍질을 갉아 먹는데, 뽕나무 재배가 줄어들자 개체 수가 급격히 줄어 멸종위기 야생생물 II급으로 선정되었어요. 이후 사육 기술이 개발되면서 수가 늘어나 멸종위기종에서 해제되었어요.

남색초원하늘소

과 목하늘소아과
몸길이 11~17mm
나타나는 시기 5~7월

개체 수가 많아서 개망초 같은 국화과 식물의 줄기에 붙어 있는 모습을 쉽게 관찰할 수 있어요. 전국의 풀밭에서 볼 수 있지요. 몸은 가늘고 긴 원통형이고, 몸 색깔은 청남색에 광택이 강한 편이에요. 몸의 등 쪽에 검은색 털이 많이 나 있어요. 특히 더듬이의 3, 4마디에 검정색 털뭉치가 있어서 다른 종들과 쉽게 구별돼요.

긴알락꽃하늘소

노랑각시하늘소

홀쭉범하늘소

벌호랑하늘소

후박나무하늘소

큰벌하늘소

노랑각시하늘소

과 꽃하늘소아과
몸길이 6~9cm
나타나는 시기 5~8월

경기도와 강원도 산지의 숲 가장자리에서 살고, 한낮에 흰색 꽃에 잘 모여들어요. 몸 전체가 노란빛을 띠어서 이런 이름이 붙었어요. 몸은 가늘고 길며, 더듬이와 다리 끝이 모두 검정색이에요. 더듬이는 딱지날개의 2/3 정도 길이예요. 주위 환경과 기후 변화에 민감한 편이에요. 꽃가루를 옮겨 주는 역할을 해요.

긴알락꽃하늘소

과 꽃하늘소아과
몸길이 12~23cm
나타나는 시기 5~8월

개체 수가 아주 많아서 전국 어디에서나 흔히 볼수 있어요. 신나무, 산딸기, 개망초, 백당나무 등 봄과 여름 사이에 피는 꽃에서 잘 발견돼요. 몸은 검정색이고 머리와 앞가슴등판에 노란 털이 빽빽하게 나 있어요. 뾰족한 침을 가진 말벌과 닮은 점을 이용해서 몸을 보호해요.

벌호랑하늘소

과 하늘소아과
몸길이 8~19mm
나타나는 시기 5~8월

전국에서 흔히 볼 수 있어요. 머리와 앞가슴등판, 딱지날개에 노란색 줄무늬가 여러 개 있는데, 특히 딱지날개 앞쪽에 있는 두 개의 팔(八) 자 모양이 눈에 띄어요. 밤나무, 개망초 등의 꽃에서 자주 볼 수 있고 애벌레는 말라 죽은 오리나무, 호두나무 등에서 발견할 수 있어요. 자기보다 힘센 땅벌로 위장해서 적을 속여요.

홀쭉범하늘소

과 하늘소아과
몸길이 9~15mm
나타나는 시기 6~7월

제주도를 포함한 남부 지역에 살아요. 낮에 활동하며, 노박덩굴과 팽나무 등 말라 죽은 다양한 활엽수에서 볼 수 있어요. 몸은 흑갈색이지만, 몸 전체가 가느다란 연두색 털로 덮여 있어서 마치 연두색처럼 보여요. 더듬이는 몸길이의 1/2 정도예요. 성질이 예민하여 주변에서 조금만 움직여도 곧 날아가 버려요.

큰벌하늘소

과 벌하늘소아과
몸길이 15~18mm
나타나는 시기 6~8월

다양한 종류의 말라 죽은 나무에 모여들어요. 하늘소보다는 벌인 나나니벌과 더 비슷하게 생겼어요. 겉모습만 비슷한 게 아니라, 수컷이 마치 벌처럼 침으로 찌르는 것같이 행동하기도 해요. 더듬이는 긴 편으로 배 끝에 조금 못 미쳐요. 검은색의 딱지날개는 검정색인데 매우 짧고, 뒷날개는 길어서 배 끝을 넘겨요.

후박나무하늘소

과 목하늘소아과
몸길이 18~25mm
나타나는 시기 5~7월

국내에서만 발견되는 고유종이에요. 거제도, 완도 등 남부 해안 지방의 상록활엽수 숲에서 볼 수 있어요. 한낮에 살아 있는 후박나무에서 짝을 짓기도 하고 나무껍질을 갉아 먹기도 해요. 몸 전체에 붉은색 털이 촘촘하게 나 있고, 딱지날개에는 작은 검정색 점이 흩어져 있어요. 더듬이가 몸길이보다 훨씬 길어요.